「どうせ自分なんて」にサヨウナラ

吉田こうじ 著

いつも自信がなかったあなたが、劇的に変わる44の方法

ライトワーカー

はじめに

あなたは、自分について、こんなことを思ったり感じたりしたことはないでしょうか？

- 周りの人たちは自分よりも魅力的で恵まれていると感じる
- そのような周りの人たちと私は、釣り合いっこない
- 「どうせ自分には無理だから」と目の前にチャンスが来ても諦めてきた
- 自分の気持ちをはっきりと表現することに抵抗を感じる
- 「どうしたいの？」と言われると頭が真っ白になり、言葉を失ってしまう
- これまで何かの分野で「一位」を目指そうとしたことがない
- 失敗して笑われたくないから、新しいことには挑戦しない
- 人から褒められると、「嘘だ」と反射的に思ってしまう
- 他人と自分を比較して、自分に欠けている点や至らない部分を恥じている
- 一人では何も決断できない自分が情けない
- あきらめが早く意志が弱い自分が恥ずかしい
- 自分の気持ちよりも、相手の気持ちから逆算して言葉を選んでしまう
- どうせ失敗するなら最初から挑戦するなんて無駄だと言い訳してしまう

……など。

ありのままの自分は、無力で無能で、社会に存在する価値がないと自分を諦め、自分には明るい未来なんて決してやってこないと確信してしまっている。

本書は、そんな「みじめ中毒」の人が、自分を変えるための心の取扱説明書です。

もう少し具体的にお伝えするなら、あなたを「みじめ中毒」に縛り付け、あなたから自信を失わせている自分イジメの理由を分析し、そこから抜け出すための実践的なメンタルトレーニング方法について書いた実用書です。

従来の自己啓発本の多くは、困難な状況を抜け出し成功した優れた偉人たちのエピソードからはじまります。読み終えたときには、まるで世界がバラ色に一変したかのように自信に満ち溢れ高揚感を感じることもあります。

でも、一週間も経つころには、世界はまたいつものモノトーンに戻っている……。

きっとあなたは、これまでも何度かそういった本を手に取ってきたことでしょう。そして、「弱くて情けないあなたが悪い」「偉人のように前向きになれないあなたは無能」といわんばかりに自分との違いを指摘され、否定され、ダメ出しされているように感じ、10分もたたないうちに自分イジメを始め、情けない自分をさらにみじめに感じてしまったことでしょう。

しかし、本書は、**あなたが「こんな自分になりたい」と思っている、自分らしい自分になるための本**です。

誰かと比較したり、成功者のように振る舞うことを強要したりはしません。ましてや、あなたのことを否定したり、無能に感じさせたりするようなことも、するつもりは全くありません。むしろ、こじらせた風邪を治すときのように、あなたが今すぐ「みじめ中毒」から抜け出すことができることを目的にしています。

本書のテクニックを使い「自分イジメの日常」から抜け出したあとは、ネガティブな人を見るたびに「どうしてあんなに否定的なものの見方をするのだろう？」と思うようになります。自分のみじめさを「売り」にしている人を見ると、ちょっと懐かしく思えたり、可哀想にも思えたりするかもしれませんが、そんなことにかまけているくらいなら、もっと楽しいことに目を向けようと一瞬で気持ちを切り替えることができるようになることでしょう。

ただし、はじめにお伝えしておきますが、本書を最後まで読み終えるまで、自分イジメはやめないでください。

「どういうこと？」と思うかもしれませんが、その理由はおいおいわかるはずです。

私はこれから、「みじめ中毒」に陥ってしまう原因や、そのことがどれだけ私たちの人生に暗い現実をもたらしてしまうのかを説明していきます。

あなた自身、「どうして私はこんなにも自分をイジメてしまうのだろう？」と思うことがあるでしょう。ですが、「みじめ中毒」の人は、「こんなにも無能で無力で、存在している価値のない自分は、罰して当然、責めて当然。じゃないと、さらに自分は堕落してしまう」と頑なに信じていますから、自分イジメなしではちゃんとした生活ができないし、やるべきことに取り組むことに集中できません。

ですから、今すぐに自分イジメをやめようとは思わず、まずは真剣に1ページずつ読み進めてください。

途中に出てくるワークにも、実際に取り組んでください。そうすれば、あなたの「みじめ中毒」は少しずつ弱まり、現実世界が変わっていくことを感じ始めることでしょう。

だからといって、慌てて全くの別人になろうと頑張らないでください。多くの場合、それは失敗のサインです。

あなたは、本書を順番通りに読み進め、ワークに取り組むだけでいいのです。

ところであなたは、日常生活の中でこんなことを感じたことはありませんか?

- 周りには人がいるのに、どうして自分ばかりいつもひとりぼっちになるのだろう?
- ただの雑談なのに、話の輪にまざることがどうしてこんなに難しいのだろう?
- どうして心の触れ合いを感じられる親しい相手が作れないのだろう?
- どうしていつも朝起きると自分を否定する声が聞こえて、前向きになろうとすることを邪魔するのだろう?

・どうして一人になると、こんなにもみじめな気持ちになってしまうのだろう？
・こんなにも頑張っているのに、どうして自分だけ報われないのだろう？
私自身、自分に自信が全くないせいで、人が大勢いる部屋に入っていくという、ただそれだけのことを考えただけで夜も眠れず、頭の中は不安でいっぱいになり、緊張して手のひらが汗ばみ、息苦しくなる……。そんなふうに、人生のいろいろな場面で不安や無力感におそわれ、未来に絶望し、そんな自分を呪ったことがありました。

そんなときには、「こんなくだらない集まりは時間の無駄だ」などと、その場しのぎの苦しい言い訳をこじつけ、コソコソその場を立ち去ったこともありました。

でも、そうやって自分で自分を誤魔化せばごまかすほど、余計に自信を失っていったのです。

そもそも、**人は欺けたとしても、自分を欺くことはできません**。

そんなある日の朝、私は目を覚まし、日課のようにしていた自分イジメをしているとき、自分の考えや行動の裏に隠された「ある真実」にふと気づいたのです。それに気がついてからというもの、私の人生は大きく変わりました。

それ以来、心の不思議に興味を持つようになったのです。


ここで、ちょっとした質問があります。

昨日一日、あなたは誰と一番コミュニケーションしましたか？

・職場の人（上司、同僚、部下、お客さまなど）
・家族（親、配偶者、兄弟姉妹、子どもなど）
・恋人、友人、知人
・ペット

もしもあなたが右記のいずれかを考えたのであれば、自分自身との向き合い方について、この機会に真剣に考え直してみる必要があるのかもしれません。

というのも、私たちが一番コミュニケーションしている相手とは「自分自身」だからです。

私たちは心の中で「独り言」という莫大な数のコミュニケーションをしています。

朝、目が覚めた瞬間から、

「どうして自分はあんなことをしてしまったのだろう……」

「どうして自分はこんなにもつらい目にあってばかりいるのだろう……」

「今日はどうやって嫌なことを避ければいいだろう……」

こうした無意識に浮かんでは消えていく独り言は、ある研究によると一日あたり5万回とも7万回とも言われています。

あなたは、誰かと一日に5万～7万回ものコミュニケーションをしたことがありますか？

そうそうないと思います。

つまり、自分を情けなくて恥ずかしくてみじめな存在に感じさせてしまう、**自分自身との無**

意識のコミュニケーションを修正し、望ましいコミュニケーションに最適化することができれば、「みじめ中毒」から抜け出すことができると気づいたのです。そして、そのためのノウハウをまとめたものが本書なのです。

従来の自己啓発的な本には、自分イジメの害悪を延々と続けたあと、「自分を変えることができたら、こんなにも人生はバラ色になります」と、成功者のサクセスストーリーをこれでもかとばかりに自慢し、読後の清涼感で自分が変わったようなつもりにさせるものもあります。

確かに、魅力的な人生を生きている人の物語には惹かれるものがあるし、「そうなりたい」とエネルギーも湧いてくることでしょう。

でも、そのような方法で自分イジメをやめるのは、本当はかなり難しいのです。

なぜなら、以下の３つの理由があるからです。

1 自分イジメはリバウンドする

極論を言えば、一日でも自分イジメをやめることができたなら、「みじめ中毒」から抜け出せたことになります。そう考えれば、ありたい自分になることは、そんなに難しいことではないようにも思えるかもしれません。

でも、問題は二日目であり、一週間目であり、一年目なのです。

ちょっとしたことがきっかけで、ついつい、自分イジメをはじめてしまうと、あとはなし崩し的に自分イジメを続け、結局は、みじめな自分に逆戻りするのです。

❷自分イジメには隠されたメリットがある

成功者たちのサクセスストーリーを読むまでもなく、低い自尊感情や低い自己肯定感が人生に与える悪影響を思えば、普通に考えれば自分イジメなんてしないはずです。

でも、自分を責め、罰し、みじめな自分として振る舞うことにも、実は隠されたメリットがあるのです。その隠されたメリットに気づかず自己肯定感を高めようとすることは、むしろ自己否定につながりみじめな自分が強化されるのです。

❸自分イジメを否定すること自体が、自分イジメになる

心が傷つくことから自分を守ろうとする心の防衛機制を私たちは持っています。自分イジメの多くは、防衛機制がなにかのきっかけで過剰に働いている状態と言えます。自分のために良かれと思って行っている自分イジメをしている自分をさらに非難し、「そんなことをしていたらダメだ！」と否定することは、二重に自分イジメをしているのと同じです。

実のところ、「自分イジメ」は何の役にも立ちません。

私自身がこのことに気づき、クライアントの中にいる「自分をイジメる自分」と仲良くできるようにアドバイスするようになってから、クライアントの自信がみるみる湧き上がっていく

のを何度も目にしてきました。

この本を書いたのは、その発見をもっと多くの人たちと分かち合いたいと思ったからです。

この本では、**あなたの心の中に住む「自分をみじめに思わせる自分」を癒し、孤独と不安、みじめさと無力感ばかりの暗闇を抜け出す具体的な方法**を伝えたいと思っています。

ただし、朝、目が覚めたらすべてが変わっていた……なんていう魔法は期待しないでください。無意識に自分をイジメてしまうこれまでの習慣を脱ぎ捨て、新しい習慣を身に着けることで現実世界に変化を起こすには、日々、コツコツとした積み重ねが必要なのです。

本書を読みながら、「どうせ何をやっても自分は変わらない」「やるだけ無駄だ」といった自分をイジメる声が耳もとで聞こえたときは、次の言葉を繰り返し声に出して言ってください。

「私は、私のことを絶対に諦めない！」

実際、私がやっているマンツーマンのメンタルトレーニング「パーソナルミッション」を受けているクライアントの一人はこう言いました。

「やっぱり、自分の覚悟ひとつで世界は変わるものですね！」

あなたにも、同じように感じてもらえる日が必ず来ると私は信じています。

これからの人生を、自己信頼（自己肯定）的に生きるのか、それとも自己否定（自罰）的に生きるのか……これは天国と地獄くらいの違いです。

あなたが人生という天国を生きることを、心から応援しています。

目次

第2章 何があなたを「みじめ中毒」にしているのか？ 070

第1章 あなたは「みじめ中毒」になっていないか？

1-1 自分イジメ度チェック

はじめに、あなたが普段どれくらい自分イジメを無意識に行なっているのかを、簡単にチェックしてみましょう。

※各設問に対して「よくある」と思うものにチェックをしてみてください（全50問）。

自分イジメ度チェック

- ○ 朝起きるとすぐにネガティブなことを考えている
- ○ 失敗したこと、後悔したこと、できなかったことばかり考えている
- ○ 良いことがあると、すぐに「なにかおかしい」と違和感を覚える
- ○ 自分の素直な気持ちをストレートに表現することに抵抗がある
- ○ 決定権を与えられても決めることができない
- ○ 決定に際して選択肢を与えられても、その選択肢以外のことをすぐに考えて決定を避けようとしてしまう
- ○ 責任を負うなどの面倒臭いことを避ける
- ○ 「やれない」「やらない」言い訳を考えるのが得意
- ○ 目の前のやるべきことに集中できない
- ○ 終わった後に「なにか失敗はなかったか？」といつまでも心配する

自分イジメ度チェック

- ◯ 新しいことに挑戦しようとすると、頭の中で「無理だ」「絶対に失敗する」という声が聞こえる
- ◯ やると決めたことが最後までできなかったことがよくある
- ◯ 自分のいいところがわからない
- ◯ 何かをやり遂げても、自分を素直に褒められない
- ◯ 誰かに褒められると、自分のことではないように白々しく感じる
- ◯ 「もし、あの時……」と後悔し、自分の無能さ無力さを感じる
- ◯ 自分のためだけに時間を使うことに抵抗を感じる
- ◯ 自分のためだけにお金を使うことに抵抗を感じる
- ◯ ダラダラしていると罪悪感に襲われる
- ◯ スケジュール帳がビッシリ埋まっていないと不安になる

自分イジメ度チェック

- ○ 自分や他人に対してよく怒りを感じる
- ○ 自分が何をしたいのかがよくわからない
- ○ 一人になると放心状態になって無気力になる
- ○ 自分のことをみじめだと感じる
- ○ リラックスできた記憶があまりない
- ○ 楽しかった思い出を思い出せない
- ○ 心から笑った記憶がほとんどない
- ○ 自分に自信を感じたことがない
- ○ 幼少期の家庭環境の話を、無意識に避けてしまう
- ○ 「お母さんかわいそう」と言葉に出そうとすると、なぜか泣けてくる

自分イジメ度チェック

- ○ 「お母さんかわいそう」と言葉に出しても感情が全く動かず、むしろイライラしてくる
- ○ 何かの分野で「一等賞」を目指そうとしたことはない
- ○ 「何事も起きないこと」が一日の目標になっている
- ○ トラブルを回避することが一日の目標になっている
- ○ 自分の発言や行動には価値がないと思っている
- ○ 自分は変化することができないと思っている
- ○ 自分は存在している意味がないと思っている
- ○ 人の不幸や失敗を見ると、どこかホッとする
- ○ 自分がやっていること、やろうとしていることに不安がつきまとう
- ○ 「私は愛されている」と言葉に出せず、出せたとしても、「嘘だ」「なにバカなことを言っているんだ」といった声が聞こえる

自分イジメ度チェック

- ○「私は幸せになってもいい」と言葉に出せず、出せたとしても「どうせ無理だ」「ダメだ」といった声が聞こえる
- ○自分の気持ちよりも、他人の気持ちを先回りして考え優先させている
- ○幼稚園くらいから思春期までの楽しいことが思い出せない
- ○どこにいても自分の居場所を感じない
- ○本当は嫌なのに「NO」と突っぱねることができない
- ○人生の中で、嬉しいとか、幸せだと感じる瞬間が思いあたらない
- ○周りの人が自分のことを監視している、評価しているといつも感じている
- ○何かを差し出せない自分には価値がないと思っている
- ○自分が犠牲になることでトラブルを回避しようとする
- ○自分は愛される価値がないと思っている

はい。お疲れさまでした。
では、あなたの「自分イジメ度」を知るために自己採点をしてみましょう。
チェックがついた項目一つにつき2点で合計点を出してください。

0点

おめでとうございます。あなたは、「自尊感情」「自己肯定感」が共に高く、毎日、色々あったとしてもそれらすべてを「学び」「ネタ」と考え、イキイキと暮らしていると思います。これからも一度きりの人生をエンジョイしてください。

2点〜22点

人生、ときには落ち込んだり、自分を責めてしまったりすることもあるでしょう。そんなときは、「もしも10年後の自分が今の自分を見たらなんて言うだろう？」と、一歩引いた視点から冷静に考えてみましょう。そして「なんとかなるさ」と前を向いて進んでみましょう。

24点〜40点

自分イジメの注意信号が出ているようです。もしかすると、すでにあなたは身近な人間関係でトラブルを抱えているかもしれません。このままの状態が長引けば長引くほど、あなたの人間関係や心身に大きなダメージが現れることが予想されます。経験上、心の問題の改善期間は、「何かがおかしいと感じながらも過ごしてきた期間」に比例するようです。つまり、違和感を放置する期間が長くなればなるほど、改善までの期間も長くなるのです。ですから、いますぐ覚悟を決めて本書のトレーニングを始めましょう。そうすれば、心のダメージは浅いうちに食い止めることができるはずです。

42点〜80点

かなり自分イジメが進行して、軽度のみじめ中毒状態と言えます。あなたは、長い間、人生に生きづらさを感じているのではありませんか？　これまではなんとか自分を誤魔化すことができたかもしれませんが、そろそろ限界を感じ始めているのかもしれませんね。きっと自分でなんとかしようとして、本を読んだり、セミナーに参加したり、カウンセリングを試したりしたかもしれません。それでも現状を変えられない自分にもどかしさを感じているのではありませんか？　安心してください。本書には、実際に私がマンツーマンのメンタルトレーニングセッションで行なっている内容のエッセンスをたくさん詰め込んでいます。きっとこれも何かのご縁です。これから一緒にトレーニングをしていきましょう！

82点～100点

現在進行形のみじめ中毒状態と言えます。周りの人たちと自分を比べては、「自分のようなダメな人間は永遠に追いつくことはできない」などと、悲観的な未来を日常的に思い描いていませんか？　これまで心理系の本を読んだりカウンセリングを受けたりしたことがあるかもしれませんが、そうした努力もすべて「無駄なことだ」と、絶望にも似た諦めの気持ちが心を占めているのではありませんか？　でも大丈夫です。このまま本書をしっかりと読み進め、ワークに取り組むことでみじめ中毒から脱出しましょう！

さて、採点の結果はいかがでしたか？

ここであなたにお伝えしたいことは、「無自覚に自分イジメをしている自分」のことを、まずは意識化していただきたいということです。

ほとんどの自分イジメは無意識に行われています。いつの間にか私たちの思考や感情を支配してしまっているので、抗うことが難しくなってしまうのです。

ですが、自分にどんな癖が、どれくらいあるのか自覚できてさえいれば、その癖に介入し修正することは可能です。

ですから、慌てず、焦らず、しっかりと腰をすえて本書に取り組んでいきましょう。

1-2 自分をイジメるのは守護霊？　それとも疫病神？

あなたは、「心の中の声」にしっかりと耳を傾けたことはありますか？

私たちの心の声は、いつでも大きく2つのことを訴えかけてきます。

1つは、「私にだってできる。チャンスさえあれば、私の方がもっとうまくやれるはず」「私なら大丈夫。なんとかなる」といった前向きでポジティブな声。

この声は、あなたを賞賛し、鼓舞し、エネルギーと自信に溢れさせ、チャンスを逃さず掴み取り、困難に打ち勝って力強く前進させようとするポジティブで前向きな声です。

これは、あなたの中にある自己愛や自尊感情、自己肯定感から発せられている声で、この声と仲良く付き合うことができれば、人生はみるみる好転していきます。

ですが、ことはそう簡単には済まないようです。

「そんなことはお前には無理だ。失敗するくらいなら最初からやらないほうがいい。どうせやるだけ無駄だ。失敗して恥をかくだけだぞ」などと、後ろ向きでネガティブな2つ目の声が声高に反論してくるのです。

この声が聞こえてくると、途端にあなたは勇気をくじかれ、自分に幻滅し、未来に絶望し、自分の無力さや無能さに打ちひしがれ一歩も動けなくなります。すると今度は「逃げ出せ！」

「うまい言い訳を考えろ！」と追い打ちをかけてきます。

私たちが自分を変えようとして自分と向き合うときの最初の難関の一つに、自分をみじめで情けない弱者にしようとする声にどうやって立ち向かい、心を2つに引き裂く心の声が引き起こす葛藤をどう解決するかという問題があります。

多くの場合、私たちはこのネガティィブな声を否定したり、聞こえないふりをしたり、ポジティィブな声で打ち消そうとしたりと、心の中でバトルを繰り広げます。これが葛藤状態です。

たとえば、こんな会話が繰り広げられるのです。

ポジティィブな声「大丈夫！　お前ならできる！　お前ならやれる！　本当のお前はすごいんだ！」

ネガティィブな声「でも、笑われたらどうしよう。」

ポジティィブな声「いや、自分は変わるって決めたんだ！」

ネガティィブな声「でも、どうせうまくいきっこないし、これまでうまくいった試しもない。」

ポジティィブな声「でも、いま変わらなきゃ、絶対に後悔する。そんなのは嫌だ！」

ネガティィブな声「なにを言ってるんだ。これまでだって後悔ばかりだったじゃないか。もう慣れっこだろ？」

こうして最初は互いに拮抗し合いながらバトルを繰り広げていたとしても、最後には大抵ネガティィブな声に軍配が上がります。

では、続きを見てみましょう。

ポジティブな声「いい加減、もう黙ってくれ！　とにかく自分を変えるって誓ったんだ！」
ネガティブな声「おいおい、これまでもそうやっていくつの誓いを立て、それを破ってきたのか数えたことはあるのかい？」
ポジティブな声「まあ、確かにそうなのだけれど……」
ネガティブな声「そもそも自分を変えたからって、幸せになれる保証なんてないだろ？」
ポジティブな声「まあ、それはそうだけど、でも……」
ネガティブな声「百歩譲って、まだお前が若いなら話はわかるけど、いま自分が何歳かわかっているのかい？　これから変われると本気で思っているのかい？」
ポジティブな声「う～ん……」
ネガティブな声「なんだかんだ言ったって、いまのままが一番安全で安心できるよ。その方が疲れないし、トラブルにも巻き込まれないし、いいじゃないか。これまでと同じように、変わらない言い訳ならいくらでも考えてあげるよ。」
ポジティブな声「……」
ネガティブな声「そもそも、お前の親はどうなんだい？　あの親にあんなふうに育てられたせいで、いまのお前がいるんじゃないか？　だったら、お前のせいじゃないいんだし、いまのままでいいじゃないか？」

ポジティブな声「それはそうだけど……」

ネガティブな声「思い出してもみなよ。あのとき、あんな嫌な目にあったり、あんな寂しい目にあったり、あんな辛い目にあったのは誰のせいなんだい？」

ポジティブな声「……」

ネガティブな声「いまだって、実は何も変わってないだろ？」

ポジティブな声「……」

こんな具合です。

どうしてネガティブ側が大抵勝ってしまうのでしょうか？

それは、**ネガティブな声には「あなたを危険から守る」というとても重要な役目があるから**です。

実は、「お前なんかには無理だ！」と耳元で囁くネガティブな声は、あなたが戦わなければならない、あるいは乗り越えなければならない「敵」ではなく、「味方」であり「仲間」なのです。あなたが失敗して傷ついたり、むやみに危険な目にあったりしないように、あなたに注意喚起をしてくれる、ある意味「守護霊的な役割」を本来は担っているのです。

だから、戦う必要はそもそもないし、自分を守ってくれている存在と戦うこと自体、むしろ自分イジメになってしまうのです。

ですが、ネガティブな声は、後述するある理由によって、本来、あなたのことを危険から守ってくれる「守護霊的な役割」を忘れて暴走し、所構わずあなたの耳元で騒ぎたて、あなたの心をかき乱し、判断力や決断力を奪い、自信のエネルギーを低下させる……まるで「疫病神」的な存在になっているから問題なのです。

厄介なことに、自分イジメを放置しておくと、いつの間にかあなたの心の声はネガティブ一辺倒になってしまい、いつしかネガティブな状態の自分があたかも「いつもの自分」かのように錯覚するようになります。

そんなふうに、**自分自身のことをネガティブなフィルターを通して歪め、批判的、否定的に見ることが習慣化している心の状態のことを、私は「みじめ中毒」と呼んでいます。**

1-3 みじめ中毒4つのタイプ

自分自身のことを、「ネガティブ（否定的）フィルター」を通して見ることで自分イジメが習慣化した「みじめ中毒」という心の癖。

これまでの経験上、みじめ中毒症状は大きく4つのタイプに分かれます。とはいえ、4つのタイプには明確な境界線があるわけではありません。互いに重なり合い、相互に影響し合う存

在でもあります。〈図1〉

ガラスのプライドタイプ（エネルギーの方向性：外向き、行動の特性：防衛的）

このタイプは、自分の身を守るために「等身大の自分」以上に、自分のことを誇大に表現します。できないことをできると言ったり、知らないことを知っていると言ったり、無理なことを大丈夫ですと言ってしまうなど、弱い自分がバレないように自分をことさら大きく見せることで、自分に過剰なプレッシャーをかけ続けるというイジメをするのです。

褒められると図に乗り、叱られるとひどく落ち込みます。

自ら「できる自分」を演じようとしてハードルを上げてしまうことで、逆に身

みじめ中毒4つのタイプ　〈図1〉

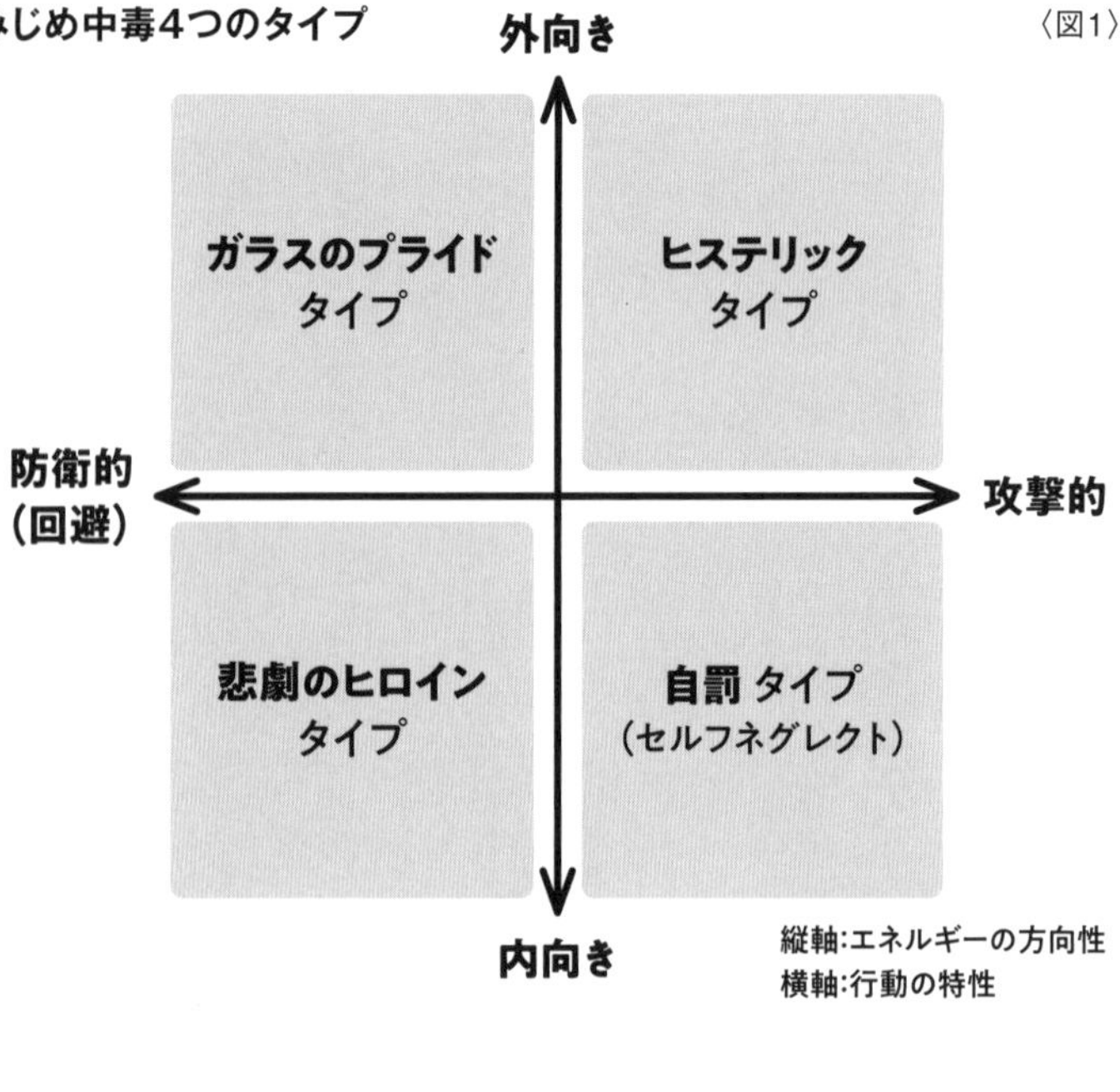

動きがとれなくなり潰れてしまったり、大きく見せることに疲れきってしまったりして、燃え尽き無気力になることもあります。

何重もの「張りぼてのプライド」は、いつしか完璧主義を強化し、自らその完璧主義のせいで身動きが取れなくなってしまいます。また、「張りぼてのプライド」で自分を覆っていくうちに、本当の自分が自分でも見えなくなり、張りぼてがちょっとでも傷ついたり剥がれたりすると、途端に去勢されたようにプライドが折れて、自分をみじめに感じてしまう傾向があります。

ヒステリックタイプ（エネルギーの方向性：外向き、行動の特性：攻撃的）

このタイプは、ひとことで言えば「攻撃は最大の防御なり」。「こんなにも弱い自分は、何でもいいから負けない武器を身に着けないとやられてしまう」といった怖れの心理が背景にあるため、「結果（実績）」「正義」「ルール」「知識」「役職」「権利」など、客観的なデータやエビデンス、社会的な役割などを武器に、「やられる前にやる」（つまり、やられることが前提）というアグレッシブなタイプで、常に自分の周りに仮想敵を生み出すことで自分イジメをします。

このタイプの特徴的な口癖に「べき論」があります。

また、「人よりも優れた結果を出さなければならない」といったプレッシャーを常に感じ緊張状態にいるため、過度なアルコール摂取やギャンブル依存、不倫などで気を紛らわせることが多いため、トラブルを抱えやすいようです。

完璧な結果を追い求め妥協を許さないストイックさから、周りから一目置かれて会社でも出世することが多いのですが、このタイプが出世し権力を握ると、パワハラ上司になりがちです。

悲劇のヒロインタイプ（エネルギーの方向性：内向き、行動の特性：防御的）

口をひらけば「私は大変だ」「私は困った」「私がツライ」「どうせ私なんか」「私だって」など、「私」を主語にした否定的、他責的、受身的、終末的、自虐的な発言によって自分イジメをします。

「できない理由」「やれない理由」など否定的なことはすぐに思い浮かぶのですが、「どうすればできるのか？」「何がしたいのか？」といった肯定的な発言を求められると途端にフリーズしてしまうため、決断力に欠け行動も遅い傾向があります。

物事の受け止め方、考え方の前提に「自分は被害者であり無力で無価値である」という強いフィルターがかかっていることに自分では気づいておらず、むしろ、自分だけが物事や状況を冷静に分析できているとさえ思っています。

自分や他者、状況、立場、環境などのあらゆるものに否定的な反応を示します。

また、他者承認欲求がことさら強く、相手が賞賛、同情、共感、受容の姿勢を見せるとテンションが急上昇し承認依存しやすくなるが、そうした姿勢が感じられないと途端に拗ねて反抗的になります。何かと他人と自分を比較しては、粗探しをする傾向も強いです。

自罰タイプ（セルフネグレクト）（エネルギーの方向性：内向き、行動の特性：攻撃的）

手段を問わず、常に自分を批判し攻撃し罰を与えます。長期間にわたり自分を責めることが恒常化しています。自分がやったことや言ったこと、他人にやられたことや言われたことにこだわり続けては、過去に後悔し、未来に絶望し、そんな自罰的な自分をさらに責め立て自分をイジメます。また、そうした容赦のない攻撃は、自分だけでなく他者に向けられることもあります。他者を攻撃する際には自分のことは完全に棚に上げ、自分を攻撃する際にはうまくいっている点には見向きもしません。

粗探しや責めることばかりにエネルギーを費やしているため、消耗しやすく、何かと諦めも早い傾向があります。

また、外界との間に壁を作り、自分だけの悲観的な妄想世界で自分を責めるといった現実逃避癖もあれば、バッドエンドな状況に自ら望んで飛び込んでいくことで自分に罰を与えるといった自虐的な引き寄せ癖もあります。

これらは、ほぼ無自覚のまま行われており、かなり「みじめ中毒」が深刻化した状態と言えます。

これらが「みじめ中毒」4つのタイプの特徴です。

もしもあなたが、どれかのタイプだとしても別に落ち込んだり、自分を責めたりする必要はありません。なぜなら、「みじめ中毒」から抜け出すチャンスが、いま、あなたの目の前にあるからです。

ここで、あなたに心して聞いてほしいことがあります。

ときに私たちは、体験を通して「自分をみじめにすることで周りの同情や励ましを得られる」ことを学習します。

「私なんてこの世の中にいない方がいいんだ……」と周りに言えば、たいていの場合、「そんなことないよ。だって君は……」と励ましてもらえるはずです。そうした、周りからの同情や励ましは、あなたの気持ちを軽くしてくれたり、気持ちよくさせたりしてくれることでしょう。

でも、そうしたことを繰り返していると、いつしかそれが「癖」や「習慣」になることもあります。「みじめ中毒」も一緒です。

そもそも、どうしてそこまで自分で自分をおとしめたり傷つけたりするのだと思いますか？

それは、**「いまの自分は本当の自分ではない！　本当の自分はもっと輝いているはずだ！」ということを、あなたの無意識がちゃんとわかっているから**です。

そして、なによりも確かに言えることは、**「輝ける自分を諦めていないからこそ、あなたはこの本と出会った」**ということ。

確かに、いまのあなたは、自分を責める理由を両腕に抱えきれないほど抱えているのかもしれません。それでも、自分を諦めることなく前を見て進もうとしているあなたに、いま一番伝えたいことがあります。

「よく一人でここまで頑張ってきましたね。でももう大丈夫。もう安心してください。これからは一緒に歩いていきましょう！」

1-4 天国と地獄の分岐点「ある世界」と「ない世界」

「みじめ中毒」という人生のまさに生き地獄にいる人たちに共通することは、ありのままの自分をないがしろにして、「ないものねだり」にエネルギーを注いでいるということです。

たとえばあなたが、

「もっと自信さえあれば……」

「もっと前向きで明るい自分になれたら……」

「あの時、あんな決断さえしなければ……」

「どうしてあの人はわかってくれないのだろう……」

こんなふうに思っているのなら、これらはすべて「ないものねだり」です。

どんなに頭を悩ませたとしても、残念ながら、いまのあなたには自信が「ない」し、いまのあなたは前向きでも「ない」し、明るくも「ない」。どんなに過去の決断を悔やんでも、時間は元にもどら「ない」し、どんなに頑張っても、あの人はあなたのことを理解してはくれ「ない」のです。

にもかかわらず、そうやってずっと「ないもの」にエネルギーを注いでしまっているから、余計にみじめさが増してしまうのです。

「ないものねだり」とは、自分ではコントロールできないものを、なんとか手に入れようとして執着することです。残念ながら、どんなにあがいても「ないものはない」のです。ゼロからイチは生み出せないのです。

とはいっても、やはり欲しいものは是が非でも欲しいわけで……。

じゃあどうすればいいのかというと、「あるもの探し」から始めましょうということです。

もう少し具体的に言うなら、

「いま、この瞬間に自分にできること」

「少しでも感謝できること」

「少しでも成長できたこと（できること）」

「少しでも貢献できたこと（できること）」

「少しでも改善できたこと（できること）」

こうしたことを強く意識して行動しましょうということです。

もう終わった過去の事実は、どんなことをしても変えることができません。未来はまだ来ていないから、どうすることもできません。

私たちにできることは「いま、この瞬間に自分にできること」以外に何もないのです。

だからといって、「いま、この瞬間にできることは自分をイジメること」では、いつまでたっても悩ましい現状から抜け出すことはできません。

望ましい未来に向かうためには、いま、この瞬間にできることが、望ましい未来に役立つかどうかを考えて行動することが大切なのです。そういう意味で、感謝・成長・貢献・改善などに強く意識を向けてアクションを起こす必要があります。

それが、「あるもの探し」です。

1-5 「あるもの探し」をやってみよう

マンツーマンのセッションをしているとき、「いま、この瞬間にできることを探してみましょう」といった「あるもの探し」についての話をすると、クライアントの方は頭を悩ませながらも色々なアイディアを出してくださいます。

ですが、その後に、「でも、実際にできるかどうか……やっぱりちょっと無理っぽいです。だって、それは怖いです……」みたいな感じに、尻すぼみになってしまうことは少なくありません。

もしかして、あなたも「そうだよな〜」と納得しましたか？

でも、いま一度よく考えてみてください。私は「いま、この瞬間に自分にはでき『ない』こと」を探してくださいと言ったのではなく、「いま、この瞬間に自分にできること」を探してみましょうと話しているのです。

ですから**「アイディアは色々とあるけど、でも実際に行動するのは無理……」というのであれば、それは「できること探し」ではなく、「でき『ない』こと探し」であって、つまり「ないものねだり」をしてしまっている**ということなのです。

「みじめ中毒」の4つのタイプでもお話ししましたが、できることのハードルを自ら高めすぎてしまっていると、「できそうに『ない』こと」ばかりが思い浮かんでしまい、余計に自分にみじめさを感じます。

そういう場合は、「何ならできるのか？」「どれくらいならできるのか？」と、できるハードルをどんどん下げていきましょう。

できるだけ簡単なところから考え行動し、それができるようになったら、ほんの少しハードルを上げてやってみる。これを繰り返すことで、自分で自分のことを信頼できるようになるのです。

ワーク1　あるもの日記を付ける

「いま、この瞬間に自分にできること」を見つける最初の練習として、次の４つの項目について、毎日、３つずつ日記やノートに書くことで、あなたの心の中に「ある」を積み上げてみましょう。

※些細なところから書いてみましょう。
※30日以上、毎日コツコツ時間を決めて継続することをオススメします。

①「今日一日を振り返って、少しでも感謝できることはなんですか？」
（例）今日も怪我や病気をすることなく健康な状態で過ごすことができた
・
・
・

②「今日一日を振り返って、少しでも成長できたことはなんですか？」

（例）勇気を出して一人で定食屋で昼食を食べることができた

・・・

③「今日一日を振り返って、少しでも貢献できたことはなんですか？」

（例）頼まれた仕事を自分なりに最後までできた

・・・

④「今日一日を振り返って、少しでも改善できたことはなんですか？」

（例）これまでより「ない」を減らして、「ある」を意識しながら過ごせた

・・・

1-6 「ない」を「ある」に変えるリフレーミングテクニック

1－4で、「みじめ中毒」の人たちは、ありのままの自分をないがしろにして、「ないものねだり」にエネルギーを注いでいる。だから「ない」から「ある」に意識を変えることが大切だということについてお話ししました。

ここからは、あなたが無自覚に信じている「ない」と「ある」について、もう少し掘り下げて見ていきたいと思います。

ここでは、あなたの「輝ける個性」について掘り下げていきます。

私たちは一人ひとり、キラリと光る個性を持って生まれてきます。「個性」という字が表すように、そもそも違っているのが当たり前で、その違いを誰かと比較して優劣をつける必要すらないものです。

にも関わらず、個性を誰かと比較されたり、個性の違いを「弱点」「短所」「恥ずかしい汚点」などと、「あってはいけ『ない』」「見せてはなら『ない』」特性として自分を恥じてしまったりする……。

こうして、さらに「ない」自分を強化してしまうのです。

もともと個性とは、必要だからこそ私たちに「ある」もので、隠すものでも恥じるものでもなく、むしろ「磨く価値が『ある』もの」「活かす価値が『ある』もの」「際立たせる価値が『ある』もの」です。

自分の個性を「弱点」「短所」「恥ずかしい汚点」などといったネガティブに偏った視点でみるのではなく、「活かし、磨く価値があるもの」といった、これまでとは違った視点から捉え直すテクニックのことをリフレーミングと言います。

リフレーミングには「状況のリフレーミング」と「内容のリフレーミング」があります。

【状況のリフレーミング】

ある状況では短所に思えたとしても、別の状況になれば長所としてとても役立つ個性になる場合があります。

「この個性（思考・行動特性など）は、どんなときに（どんな場面で）役立つのだろうか？」と考えることで、自分の個性が役立つ状況を見つけることを状況のリフレーミングといいます。

たとえば、「自分は何をやっても飽きっぽい」といった短所がある場合、「変化の早い環境に強い（変化対応力が『ある』）」「ルールに縛られずにクリエイティブなことが求められる環境に強い（クリエイティブな力が『ある』）」といったことが考えられます。

他にも「とても自分勝手でわがままだ」という短所があるという場合であれば「リーダーシップを発揮する場面に強い（リーダーシップが『ある』）」「決断が求められる場面に強い（決

断力が『ある』）」といったことなどが考えられます。

【内容のリフレーミング】

表には必ず裏があるように、すべての物事には違う側面があります。

内容のリフレーミングとは、現状、認識しているものとは違う側面から肯定的な意味を考えます。

たとえば、

「怒りっぽい」➡「情熱的」「感情表現が豊か」「自分に正直」「勇気がある」など

「失敗が怖い」➡「分析力が優れている」「リスク管理に長けている」など

「引っ込み思案」➡「人を立てるのが上手」「フォロワーシップに優れている」など

「三日坊主」➡「好奇心が旺盛」「決断力がある」「革新性が高い」など

「話すのが苦手」➡「周りを立てるのが上手」「思慮深い」「誠実性が高い」など

ワーク2 リフレーミング①

ここでは「あなたの短所や欠点（ない）」をリフレーミングによって「ある」に変える練習をしてみましょう。

①「あなたの短所」「あなたが嫌いな自分の特徴」を、最低10個以上書きだしてください。

②それらの短所や特徴について、前ページを参考にしながら、状況や内容のリフレーミングをしてください。

③リフレーミングした内容の中から3つ選び、実際に行動してみましょう。

・何を？　いつ？　どこで？　どんなやり方で？

・何を？　いつ？　どこで？　どんなやり方で？

・何を？　いつ？　どこで？　どんなやり方で？

ワーク3 リフレーミング②

日常生活の場面で、あなたがネガティブ（赤っ恥体験、後悔体験など）と思っているエピソードを思い返し、そのエピソードについて状況や内容のリフレーミングをしてみましょう。

㈹上司に仕事のミスを叱られ恥ずかしかった
⬇叱られるということは改善できると期待されているからだ。よし、次はミスしないためにどこを改善すればいいのか考えてみよう。

1-7 みじめ中毒を強化する無意識の「禁止令（リミティングビリーフ）」

ところで、「みじめ中毒」の人は、どうして「ない」という世界観にとらわれがちなのでしょうか？　それは、無意識にたくさんの禁止令を持っているからです。

禁止令とは、文字通り「〇〇してはいけない」という、自分に対する無意識の命令のことで、「自分の可能性を制限する信念（リミティングビリーフ）」となって私たちの思考、感情、行動に強く影響します。

きっとあなたも子どもの頃に、「知らない人についていってはいけません」「人に迷惑をかけてはいけません」「先生の言うことはちゃんと聞かなければいけません」など、たくさんの「禁止令」を教わってきたでしょう。

こうした禁止令には、非言語の禁止令もあります。

たとえば、あなたがある日、テストで悪い点数をとって、その答案用紙をお母さんに見せたとき、お母さんは何も言わずに、ただ深いため息をついたとします。

このときあなたは、無意識に「お母さんを悲しませるようなことはしてはいけない」「もっと勉強しなければいけない」「自分は期待されていない」など、言葉で直接言われなかったとしても自分で察することでしょう。

あるいは、あなたが学校から帰って、今日一日の出来事を話そうとしたら、お母さんから「忙しいから、あとでね」と言われた。このとき、「あとでね」という言葉よりも、「拒絶された」「否定された」「受け入れてもらえなかった」といった母親の態度の方にショックを受けると、知らぬ間に「自分よりも相手の機嫌を優先しなければならない」「親に甘えてはいけない」といった禁止令を自らに課すことがあります。

こんなふうに、**言葉や非言語（態度や表情、しぐさなど）から感じとった「いけない」というメッセージは、「禁止令」としてあなたの心の中に染み込んでいく**のです。

こうして子ども時代に染み込んだ「禁止令」は、大人になってからもなかなか消えません。それどころか、むしろ癖となり習慣化して定着してしまうことは少なくないのです。

たとえば、「甘えてはいけない」という禁止令を持った子どもは、わからないことをわからないと言えなかったり、できないことをできないと言えなかったりするので、大人になってからも職場で誰かを頼るということが苦手で、いつも一人で仕事を抱えては一杯いっぱいになっていたりします。

これまで、マンツーマンのセッションをしている中で、こうした「無意識の禁止令」に苦しんでいる人をたくさん見てきました。

交流分析（Transactional Analysis）では、幼少期に親や周囲の大人との交流や、他者の観察学習などから、「〜するな」という非言語的な禁止のメッセージを受け取り、それはいつしか「禁止令」という思い込みを形成し、大人になってからも人生に特に大きな影響を与えていると考えています。

ここでは代表的な13種類の禁止令を紹介します。自分の中にどんな禁止令があるのか、あなたの内面を見つめながらチェックしてみてください。

1「何もするな（何かをしてはいけない）」

これは親のしつけが厳しかったり、過保護で些細なことまで口を出して注意したりするような家庭環境にいると起きがちな禁止令です。

「あんな子と遊んではいけません」「そんな乱暴なことはいけません」「遊んでないで勉強しなさい」など、ありのままの自分が選択した行動を否定され、さらには一方的に規制、制限されるたびに、「自分は何もしないほうがいいんだ」「どうせ何もできないんだ」という禁止令をつくってしまいます。

この禁止令があると、積極性に欠け、人の意見に従ってばかりで、自分を犠牲にする傾向が強く、人の言いなりに動いてばかりいるうちに、いつしか自分で自分が本当はどうしたいのかがわからなくなってしまいます。

2「自分自身であるな(自分の性であるな)」

たとえば、「女の子じゃなくて、男の子が欲しかった」と言われて育った女の子や、「男のクセに弱虫だ」などと言われていた男の子は、自分のアイデンティティ(自分は何者なのかといった自己認識)を否定されたように受け取り、自分自身の存在そのものが揺らいでしまいます。

女性の場合、自分の女性っぽい部分がいやでわざと男らしく振舞ってみたり、男性の場合は、自分の男性っぽい部分がいやでわざと女らしく振舞ってみたり、異性の友だちばかりで同性の友だちが少なかったり、同性同士の輪の中に入るのが苦手というような人は「自分の性であるな」という禁止令が発動しているかもしれません。

この禁止令があると、自己認識が揺らいでしまうため、自分に自信が持てなくなる傾向があります。また、周りの評価や世間体に強く影響を受けやすい「依存体質」にもなりやすいと言えます。

3「子どもであるな」

「お姉ちゃんなんだから、もっとちゃんとしなさい」「お兄ちゃんなんだから、我慢して弟にあげなさい!」などと言われてきた、弟や妹がいる人にありがちな禁止令です。

この禁止令を持つ人は、幼い頃から「ありのままの自分」を抑圧されてしまい、子どもらしくのびのびと自由に過ごせない環境を受け入れることで、いわゆる「いい子」になりやすい傾向があります。大人になっても、自分を犠牲にしてまでみんなの世話を焼いている人は、この禁止令に縛られているのかもしれません。

また、「自分がやらなければならない！」といった、責任感というより義務感が強すぎるあまり、周りに協力を仰ぐことが苦手で、何でも一人で抱え込んでしまい疲弊してしまう傾向があります。

4「成長するな（自立してはいけない）」

この禁止令は、先ほどの「子どもであるな」とは真逆の禁止令で、「お母さんが全部やってあげるから」とか、わがままを言ったとしても、何でも「いいわよ」と過保護に甘やかされて育ったりした人が持ちやすい、依存体質を生み出す禁止令です。

この禁止令があると、「このままずっと子どものままでいるためには、無力な自分のままでいる方がいい」と考えるようになり、困難な状況を乗り越えることを避け、責任回避をするとともに、他者への依存心が強くなる傾向があります。自分で判断して選択することや決断することができなかったり、自分が本当は何が好きで、何をしたいのかがわからなかったりする。

こうした人は、この禁止令を無意識に持っている可能性があります。

5「近づくな」

「いま忙しいから後にして」「ちょっと静かにしてちょうだい」「仕事で疲れているから！」など、触れ合いたいときに親に距離を置かれたり、そもそもあまり触れ合う機会がなかったりする人が持ちがちな禁止令です。

この禁止令があると、「自分の素直な気持ちを聞いてくれる人なんて誰もいない」といった不信感を前提としたコミュニケーションになりがちで、大人になっても本心を周囲に打ち明けられない「心を閉じた人」になる傾向があります。

プライベートや仕事でトラブルや悩みがあっても、誰にも相談せずに一人で何とかしようと限界まで頑張ってしまいうつになってしまう人や、嫌なことがあっても「自分だけが犠牲になって我慢すればいいんだ」などと考えてしまう人は、この禁止令の影響を受けている可能性があります。

6「考えるな」

「親に口答えするな！」「お前は黙って言うことを聞いていればいいんだ！」などと威圧的、権威主義的な養育環境のもとで育つと、この禁止令を持ちやすいようです。この禁止令があると、「自分で考える」「自分で判断する」といった主体的な思考や行動自体を放棄してしまい、いつも受動的で「相手のなすがまま」になってしまう傾向があります。

この禁止令がある人は、論理的に物事を考えたり、客観的で冷静に判断することが苦手だったりして、情報が不確かなデマや迷信、都市伝説などを信じ込んでしまう傾向もあります。

7「感じるな（感情を表に出してはいけない）」

「そんなことでいちいち泣くんじゃない！」とか、「男の子なんだから我慢しなさい！」などと、ありのままの感情を抑え込まれ、素直に欲求や感情を出せなかったりした人が持ちやすい禁止令です。

この禁止令があると、自分の感情を抑え込むのが癖になり、いつしか自分の気持ちや意見を相手に表現することに苦手意識を持つようになります。また、感情を抑え込んでしまうため、結果として物事に無関心・無感動にもなってしまいます。

人前で泣いたり、怒ったりすることができなかったり、人とコミュニケーションする際に無表情になったり声に抑揚がなくなるという人は、この禁止令の影響を受けている可能性があります。

8「成功するな」

うまくいったときには無視されたり褒めてもらえない一方で、ちょっとした失敗でも過剰に慰められたり、励まされたりする。そんな経験を繰り返すと、いつしか「成功しない方が親から愛情をもらえる」という学習をしてしまい「成功してはいけない」と思い込んでしまうことがあります。

あるいは、ちょっと失敗しただけで「お前には本当になんの取り柄もないな」などとため息交じりに完璧主義の親が言うと、子どもは「自分には成功なんてできっこない」と思い込んでしまいます。

人一倍頑張っているのに、なぜかいつもうまくいかないというパターンに陥っている人は、「成功するな」の禁止令に縛られているのかもしれません。

9「欲しがるな」

自分のせいで目の前で父親が母親に暴力的な振る舞いをする姿を見せられたり、幼い頃に病気や怪我で親に経済的な負担をかけてしまったりしたなど、自分のために苦労や我慢をし続けている親の姿を見ていた人が持ちやすい「我慢癖」を引き起こす禁止令です。

この禁止令を持つ人は、自分の欲求を素直に言えないだけでなく、むしろ抑圧することで、手柄やチャンスや欲しいものを人に譲ってしまったり、せっかく手にしたチャンスを放棄するなどしてしまい、自ら幸せを壊すような破滅的な行動を無意識にとってしまいます。

借金してまで恋人に貢いでしまう人や、「お金を貸して」と言われると、どんなに自分が苦しい状況にいても断れない人などは、この禁止令の影響を受けている可能性があります。

10「健康であるな」

たとえば病気のときだけ親にたっぷり甘えさせてもらえた人や、親が体の弱い兄弟姉妹の面倒ばかり見ていたなど、不健康な方が「得をする」という学習体験を持っている人に見られる禁止令です。

この禁止令があると、自ら健康を害することで病気になったり、怪我で同情を引こうとしたり、周りからかまってもらいたくて突飛な行動やおかしな発言をしたりすることがあります。

暴飲暴食、喫煙など生活習慣を自ら悪化させる行為を一向に改めようとしない人も、「健康であってはいけない」と思い込んでいる可能性があります。

11「重要であるな」

テストでいい点をとったときや、かけっこで一等賞をとったのに親の反応が薄かったり、場合によっては無視されたりする。むしろ、「そんなことくらいで、なに喜んでいるの！」と何かと否定ばかりされるにも関わらず、兄弟姉妹ばかり可愛がられている……。こうした体験が度重なると「自分は重要であってはいけないんだ」という禁止令が発動します。

この禁止令を持つ人は、常に目立たないよう心がけ、責任を負うリーダー的な役回りを嫌います。また、その反動で「もっともっと重要じゃないと生きている価値がない」と思い込み、過剰なアピール・自慢話をしないと不安になってしまうこともあります。

年齢や経験とともに人の上に立つ立場になると、「重要な人になってはいけない」と自らストップをかけてしまうので、部下としては優秀だったのに、リーダーになった途端に実力が発揮できなくなるような人は、この禁止令の影響を受けている可能性があります。

⑫「所属してはいけない（仲間入りをしてはいけない・孤独になれ）」

親が「あんな子と遊んではいけません」と友達を強制的に選別したり、「この子は人見知りだから」と子どもの本心を無視して活動を制限したりすると、子どもは親の価値観の枠を超えた世界で「もまれる機会」が少なくなります。

また、親自身が近所付き合いが苦手でコミュニティーから孤立していたり、仲間はずれにされたりなどのいじめを経験すると、この禁止令が発動しやすくなります。

この禁止令を持つ人は、職場やグループに溶け込むことが苦手で、一人孤立した行動をすることが多くなるため、アドラーのいう「共同体感覚」が育まれにくくなる傾向があり社会への適応能力に問題を抱えることがあります。

13「存在するな」

ある意味、最も強力な禁止令と言えます。

幼い頃に虐待を受けたり、「お前さえいなければ」「お前なんて産まなきゃよかった」などと親の不幸の原因にされたりした子どもは、「親の不幸は私のせい」と信じ、この禁止令をつくってしまうことがあります。

「自分はこの世界に存在してはいけない」という思い込みから、自分の体や命を大事にできなくなるため、アルコールや薬物などに依存してしまったり、自分の存在価値を求めるあまりに誰とでもセックスしてしまったりすることがあります。

いかがでしたでしょうか？　いくつか当てはまるものはありましたか？

もしも当てはまるものがあったとしても、怖がったり諦めたりする必要はありません。後ほど紹介する、禁止令を「解除」する方法に取り組んでいただければ、あなたも「禁止令の呪縛」から解放されます。

1-8 あなたを追い立てる無意識の「拮抗禁止令（ドライバー）」

これらの非言語による「禁止令」の他にも、言語的なメッセージ（言葉でハッキリと「こうしなさい！」「どうしてこうしないの！」と何度も言われる）による思い込みのことを「拮抗禁止令」（禁止令と同等の力を持つという意味）と言います。

これら「拮抗禁止令」は「ドライバー＝行動に駆り立てるもの」とも呼ばれており、代表的なものが5種類あります。

❶「完璧であれ！」

「完璧でなければ（失敗したら）価値がない」などと思い込んでいます。失敗を許容できずに、失敗を極度に怖れるため、新しいことへのチャレンジや難易度の高い課題を徹底的に避けるようになります。

❷「一生懸命やれ！」

「頑張っていなければ見下される！　無能扱いされる！」などと思い込んでおり、頑張る自分でいること自体が目的化しています。そのため、寝ないで頑張る、身体を壊すまで頑張るなどの「精神論」を美徳のように捉えており、効率的、論理的な部分が盲点になっているところがあります。

3「他人を喜ばせよ！」

「他人に尽くさなければ嫌われる。存在価値がなくなる」などと思い込んでおり、常に他人を優先し自分を犠牲にすることを良しとしています。自分を安売りしてまでも、他人に置き去りにされるのを怖れる傾向があります。

4「強くあれ！」

「弱みを見せたら自分の価値がなくなる」などと思い込んでおり、能力の証明に躍起になります。人間関係に利害関係や競争原理を持ち込み、「勝ち負け」で人を見てしまいます。内心は狼狽していても平静を保っているように見せます。

5「急げ！」

「とにかく即答、即断、即決、即行動しないと、のろまなヤツとバカにされる」などと思い込んでおり、いつも何かに追い立てられているように焦りを感じ疲弊しています。また、必要以上に他人を急かしたり、何かと余計な口を挟んで煽ったりします。

これらの拮抗禁止令を守ることで自分が傷つかないと無意識に信じているため、自分でも理由もわからず、必要以上に「こうあるべき」という強いストレスを自分にかけ続け、もっと……と自分を駆り立てていき、しまいには燃え尽きるということも起こりがちです。

また、これらの拮抗禁止令の影響によって、行動の結果に対する十分な準備や論理的な検討なしに、「とにかくしなくちゃ！」と常に焦りのような感覚で動き続けるため、行動には「後悔」が伴いやすくなります。

「拮抗禁止令」は言語的メッセージによるものなので、自分が子どものころに親や周囲の大人からよく言われた言葉を思い返してみるなどすれば、非言語的メッセージの「禁止令」よりはその存在に気づきやすいかと思います。

もちろん、子どもの認知の仕方は人それぞれなので、「親にこう育てられた子どもは必ずこうなる」といった単純なものではありません。

とはいえ、この世界を生きていくために「自分には何がＯＫで、何がＮＧなのか？」といった、自分と世界との関わり方に対して、禁止令や拮抗禁止令は相当強烈な影響を及ぼしていると言えます。

交流分析では、これを「基本的な構え」と呼びます。

人生の土台にどのような構え（姿勢）を持っているかで、大人になってからの人との関わり方は変わってくるのです。

1-9 あなたの世界を創造する4つの「基本的な構え」

自分の「人生という世界をどうとらえるのか？」の土台となる「基本的な構え」には、大きく4つのパターンがあります。〈図2〉

普段のあなた自身はどこに当てはまるのか、ぜひ考えつつ読み進めてみてください。

1「I'm OK, You're OK（自他肯定）」の構え

信頼感を基盤とした構えで、「自分も他人も生きているものは、すべて価値がある」「自分が嫌なことは、他の人にやらない」など、自分も他人も素直に尊重し肯定できます。

他者と共感的な協力関係を築くことができ、目的実現に向かった建設的な行動を主体的に起こすことができる構えです。

人生に意味を見出し、充実した人生を過ごしている人が多く、禁止令に過度に束縛されることなく、自分の望む方向に人生を進めることができると言えます。

自己信頼感が高いため、自分に自信を持ち、失敗を怖れず前向きに取り組むことができます。「利己」だけではなく「利他」の姿勢もあり、「みんなで」「私たち」「お互いに」などの共同体感覚的な言葉を自然と使います。

2「I'm not OK, You're OK（自己否定・他者肯定）」の構え

自己嫌悪や劣等感が強く、集団の中では「どうせ自分なんて……」と孤立しやすい。自分を犠牲にして他者に従属するなど被害者的な姿勢が強く、それを確認するために、わざと他人に嫌われる行動や他人を怒らせる発言をするなど、自作自演の不愉快な世界を創造してしまうこともある構えです。

「どうせ自分になんて価値がない」「周りは自分にないものを持っている素晴らしい人ばかり」と、自分を侮蔑し、他者を崇めてしまいます。

親からの過大な期待（プレッシャー）に応えられなかった体験を持っていること

4つの基本的な構え　〈図2〉

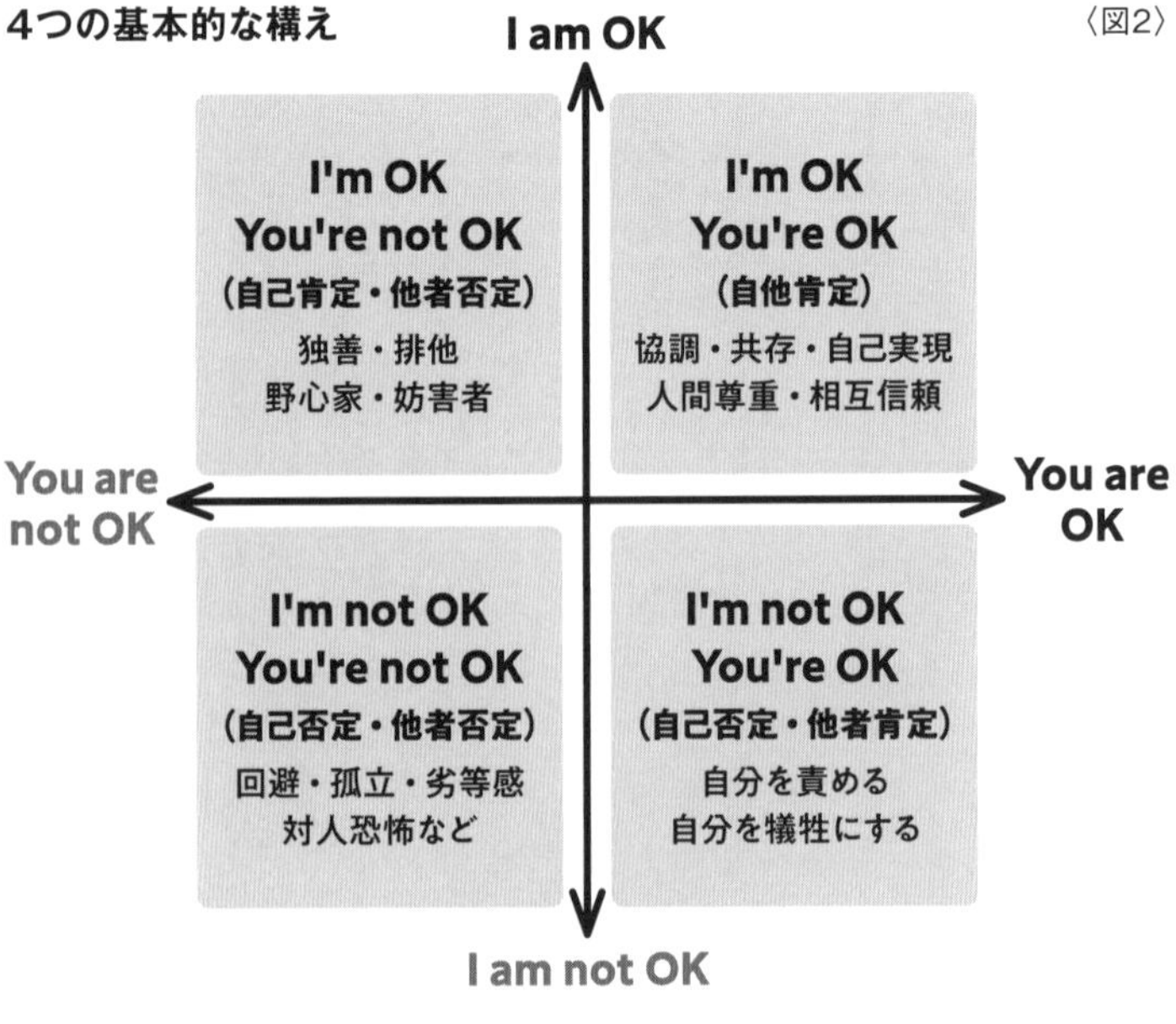

とが多く、その敗北体験から「無力感」「無能感」「無価値感」といった思い込みを形成しがちです。自己評価（セルフイメージ）が低く、あらゆることを消極的・否定的に考えてしまい、せっかくのチャンスにも尻込みしてしまいます。

また、自分に自信がないため、せっかく結果を出しても「この程度じゃダメだ」「周りの人のほうが優秀だ」などと自己卑下しがちです。他者からの理不尽な命令に従い、他者による支配を容易に許してしまうのも、このタイプに多いです。

❸「I'm OK, You're not OK（自己肯定・他者否定）」の構え

幼児的な自己愛と支配欲求が強く、自分の欲求を満たすためなら他人を道具として利用したり、他者の揚げ足取りをすることで自分のポジションを確立したりするなど、場合によっては社会との適応が難しい構えです。

他者の人格や尊厳を認めることができず、自分の利益のためなら、他人を傷つけても良心の呵責や反省を感じない反社会的パーソナリティとなるケースもあります。幼児に見られる「私のものは私のもの。あなたのものも、私のもの」といった、世界は自分を中心に回っているという「全能感」が強く、他者をことさら否定、批判、侮蔑するなど攻撃的な傾向があります。

幼児期にどんな欲求も思い通りに満たされてきたり、親から叱られることなく過保護に育てられてきたりした人に多い構えです。他人に対して支配的に振る舞い、疑り深く、自分の価値

観や考えに合わないものは力ずくで排除したり、場合によっては破滅にまで追い込もうとしたりする傾向があります。

この構えを持つ人は、他人の成功が許せないため、成功している人の欠点をことさら吹聴したり、弱い者いじめをして憂さを晴らそうとしたりします。妄信的なまでに「自分の絶対的正義」を信じて疑わず、独善的、支配的な態度をとりがちですが、それとは裏腹に「周りは皆敵だらけ」と感じ、内心ではビクビクしていることも多いです。

4「I'm not OK, You're not OK（自他否定）」の構え

幼少期から育児放棄のような虐待を受けたり、ポジティブ（肯定的）な反応を受け取ったりした経験が少ない人に多い構えです。人生には何の意味も価値もなく、この世界に自分が存在していること自体に違和感を覚えるというように、極端に絶望的で虚無的な構えです。人生に対する空虚感や社会生活に対する虚無感や敵対心が強いので、生産的・発展的な活動に対するモチベーションが高まりにくく、人間関係においても希薄で脆弱な関係になりがちです。

他人からのコミュニケーションに対して拒絶的な反応を示しやすいので、対人関係では孤立しがちで、それが余計に人生や自分に対する強い虚無感につながり、ときに自殺企図をしてしまうこともあります。

無条件に自分を受け入れてくれる存在がいなかったため、幼児的な甘えの欲求が満たされる

ことなく、むしろ徹底的に抑圧、あるいは拒絶（否定）するために、「心の安全基地」が構築されておらず、自分の殻に閉じこもって人間関係を自ら拒否したり、カルト教団の信者のように完全に他者に依存したり、信じ込んでしまうこともあります。

こうした人生に対する構えは、幼少期の禁止令によって形成されていき、その後の人生において、世の中や人生を規定する「心の中の土台」となって、この世界をどう解釈するかに強い影響を与えます。

解釈とは、人生で起こる出来事や人間関係など、物事の方向性を決定づけるものであるとされており、ものの見方、理解の仕方、善悪の判断、倫理観、自己認識、気分の良し悪し、好き嫌いの判断など多方面に渡ります。

つまり、私たちは**無自覚に非常に強いフィルター（バイアス）を通して世界を体験している**ということです。

こうした「基本的な構え」は、書き換えることが可能です。

ですが、極端な意識変化を促す出来事（愛する人との死別、災害、破産、解雇、事故、病気など）を経験するなど、外部要因によるきっかけがなければ、自発的に書き換えようとするケースは少ないと言えるでしょう。

というのも、「基本的な構え」にそぐわない出来事に出会ったとき、私たちは大きく2種類の対応をする可能性が高いと考えられているからです。

それは「再定義（曲解）」と「値引き（ディスカウント・安売り）」と呼ばれています。

「再定義」とは、自身が信じている「基本的な構え」にそぐわない出来事や矛盾する状況に直面したときに、その出来事や状況を「基本的な構え」に準じたストーリーに再構築するなどして、解釈を歪めて理解し直すことで納得するという対応のことを言います。

たとえば、「きっと私は見捨てられる」という基本的な構えを持つ人は、誰かから共感されたり、受容されたり、愛を告白されるなどの言葉や態度を示されたときに、「こんな私なんかに優しくしてくるなんて、きっと何か裏があるはず」などと、根拠のない意味づけ（解釈）をしてしまうことがあります。

本当は素直に相手の優しさや思いやりを受け入れたいのに、そうできない。「基本的な構え」通りの展開になると傷つくことはわかっているけれど、その方が「自分らしい」し納得できるので安心する。そこで、無意識に自分が納得できるような結末に向かって自作自演の行動をしてしまうということが起きたりします。

「値引き」とは、自身が信じている「基本的な構え」にそぐわない出来事や矛盾する状況に直面したときに、無意識のうちに自身が感じた矛盾を認知から抹消する対応のことを言います。

自分が信じている「基本的な構え」に合わない出来事や人の言動や態度などに直面したとき、無自覚にその出来事をないことにしてしまう、記憶から消してしまう、あるいは、その出来事の価値を実際よりもより悪く評価するなどの反応をとってしまいます。

たとえば、「どうせ自分なんか生きている価値がない人間だ」といった「基本的な構え」を持っている場合、周りから正当な評価を受けたとき、その評価に満足するどころか「もっと自分を犠牲にして頑張れ!」と言われているような錯覚に陥り、エンドレスで続く頑張り地獄を想像して世の中に絶望したり無気力になったりします。

ワーク4 禁止令を少しだけ緩めてみよう

ここでは、禁止令を緩め、人生における「基本的な構え」を変化させていくためのちょっと不思議なトレーニングをしてみたいと思います。

今回のトレーニングは、鏡に写った自分の顔を見ながら実際に声に出して自分に言い聞かせることで、思い込みを解除していくというものです。

「えっ？　こんなことがトレーニングになるの？」と思うかもしれませんが、このトレーニングを侮ってはいけません。なぜなら、私たちは普段、誰の言葉を一番聞いているのかといったら、それは「自分自身の言葉（独り言）」だからです。

私たちは、自分の言葉を信じているのです。

であれば、禁止令を緩める言葉を発すれば、たとえ今はそう思うことができなかったとしても、いつしかそれを私たちは信じてしまうのです。

そこで今回は、次の文章を実際に声に出しながら、自分自身に許可を出してみましょう。

※全部通して声に出してください。

※もしも声に出そうとしたとき、言葉に詰まる、言葉に出すことに強い抵抗感を感じるなど、少しでも違和感のあるものは、あなたが無自覚に持っている禁止令の中でも強い影響力を持ったものである可能性があります。そうした場合は、「まあ、確かにそう思ってもいい

よね」と思えるまで、毎日、何度も自分に言い聞かせてください。


「私は私のままでいいし、他の誰かにならなくていい。」

「私はちゃんとしなくてもいいし、もっと人に弱みを見せてもいい。」

「私は親の期待に応えなくてもいいし、自分を犠牲にしなくてもいい。」

「私は嫌いな人にまで好かれようと頑張らなくたっていい。」

「私はもっと自分のことを大切にしてもいいし、もっと自分のことを信じてもいい。」

「私は私の人生をもっと自由に生きてもいいし、もっと幸せになってもいい。」

第2章

何があなたを「みじめ中毒」にしているのか？

2-1 「愛着」という心の安全基地

第1章では、自尊感情や自己肯定感が低く、自分に自信が持てないと感じてしまう直接的な原因である「みじめ中毒」（常態化した自分イジメ）に、なぜ陥ってしまうのかについて、その引き金となっている「禁止令」「拮抗禁止令」「基本的な構え」などを掘り下げるとともに、「みじめ中毒」から抜け出すための初歩的なトレーニングをしてきました。

もし、あなたがまだ前章のワークをしていないのであれば、これから先を読み進める前に、ぜひワークをやってみてください。

この本はメンタルトレーニングのための実践本です。どんなに知識を仕入れても、実際にトレーニング（行動）しない限り、何も変わりません。

あなたがワークを終えて戻ってくるまで私はちゃんと待っています。焦らなくても大丈夫ですからね。

さて、この章では「みじめ中毒」についてさらに深く掘り下げていくことで、あなたの心の内側で無自覚に起きていることを、あなた自身により正確に理解していただきたいと思います。

そもそも、あなたのような真面目で頑張り屋さんの人が、どうして「みじめ中毒」なんかになってしまったのでしょうか？

それを知るためには、あなたがどのような家庭環境で育てられてきたのかということが重要な「鍵」になります。

私がこれまでメンタルトレーニングで関わってきた、自分に自信が持てないせいで後悔してばかりいたり、周りに振り回されてばかりいたり、自分の未来に絶望感を抱いているせいで、長い間、心に問題を抱え苦しんでいた人のほとんどは、「愛着」に何らかの問題を抱えていました。

「愛着」とは、主に母親との関係性によって構築される「心の拠り所（安全地帯）」や「対人

関係の心構え（前提）」「人や社会との絆の結び方」とも言えるものです。私たちは、この「愛着」を基盤として、自分自身を評価判断したり、自分と他人や社会との関係性（距離感）を測っていたりするため、愛着状態が不安定だと、何かと人間関係や社会適応の場面でトラブルが起きやすくなる傾向があります。

そこで、ここでは「不安定な愛着はどうやって生まれるのか？」「愛着が不安定だと大人になってどんな問題を抱えてしまうのか？」ということについて、具体的な事例を紹介しながら、あなた自身の愛着について考えていただきたいと思います。

うつ病がなかなか治らなかった真理子さん（仮名・女性・30代・看護師）のケース

真理子さんが不安や不眠などの症状に悩まされ、初めて心療内科を訪れたのは10年ほど前のこと。きっかけは、当時勤めていた病院で先輩からパワハラ・イジメを受けたことです。

それまでの真理子さんは、「一生懸命に尽くすこと」「自己犠牲を払うこと」「つらいことを受け入れること」が頑張ることであり、頑張っていれば必ずいつか報われると信じて、真面目に仕事に取り組んでいました。

しかしある日、先輩の虫の居所が悪かったのか、些細なミスを激しくなじられ、思わず泣いてしまったそうです。それ以来、何かと真理子さんは先輩のストレスのはけ口としてイジメのターゲットになります。

ちょっとした誤字脱字のミスでも、ネチネチと繰り返し何度も嫌味を言われたり、引き継ぎ事項を報告に行ったりすると「忙しい！」と一蹴される。にも関わらず、「報連相をしない！」と怒られる……。そうした理不尽なことが繰り返され、仕事にも支障をきたすほど先輩の行為がエスカレートしても、周りの看護師は自分の身に火の粉が飛んで来ることを怖れて、誰も救いの手を差し伸べようとはしてくれませんでした。

ほどなくして真理子さんは職場で完全に孤立してしまいます。

ある日、とうとう自宅のベッドから起き上がることができず「うつ」の診断を受けます。

休職期間を経て最終的にはその病院を辞め、別の病院に転職するのですが、その頃からずっと気分の激しい落ち込み、イライラ、不安、焦りといった状態が続き、せっかく勤めても1年ごとに転職を繰り返すという状態でした。

抗うつ剤や抗不安薬、気分安定薬などを服用してきましたが、特に変化が見られずに、体がなぜかいつも緊張状態にあって、嫌な記憶や感覚がふとしたことで蘇ってしまい、仕事が手につかなくなってしまうのです。

昔から仲良くしていた友人とも些細なことで意見が合わずギクシャクすることが多くなり、とうとう自分から交流を絶っていました。ただ、それについては、真理子さん自身が些細なことを「全く許せない」と感じてしまい、そんな怒りっぽくて情けない自分を見られたくなくて自ら連絡を絶ったとのことで、本当はできることならまた楽しく付き合いたいと思っているのです。

なお、こうした周囲とのトラブルについては、うつになる以前からも、ちょっとしたことがきっかけですべてが嫌になり、周りとの交流を自ら絶ってしまうというパターンは大なり小なり繰り返していたそうです。

そんな状況を何とかしたくて、私のところに相談に来たのは、真理子さんが8回目の転職をしたばかりの頃でした。

さて、真理子さんの悩みに「愛着」がどのように関係しているのでしょうか?

話を伺っていくと、真理子さんには「不安定な愛着」が原因となって生じていると思われる色々な特徴が見えてきました。

真理子さんは、相手が先輩であれ、友達であれ、その人がたとえ嫌な人だとしても、とにかく誰からも好かれようとして、涙ぐましいまでの努力を重ねていました。

自分が相手からどう思われているのかばかり気にして、いつも不安を抱え、その不安を解消するためなら自分を犠牲にしても人に取り入ろうと頑張る。しかし、自分が「相手からよく思われていない」とか「これ以上は、よく見せることが無理」という状況になると、途端にそれまでの努力をすべて放棄して関係性を分断してしまうのです。

思春期くらいから、こうしたパターンを繰り返していたそうです。

特に、**「相手に自分が受け入れられているかどうか？」「見捨てられるのではないか？」と相手の顔色を極端に気にするというのは、不安定な愛着を持った人の際立った特徴の一つ**と言えます。

真理子さんは、幼い頃から母親に「お前はお姉ちゃんと比べてまるで役立たずのダメな人間だ。ダメな人間のままでは誰の役にも立てないから、せめて手に職をつけなさい！」とずっと言われ続けていました。真理子さん自身も、いつの間にか「私ってダメな人間だし……」というのが口癖になっていたそうです。

それでも「お母さんと同じ看護師になって、お母さんに認めてもらいたい」と頑張って看護学校を受験し、看護師資格をとります。その後、地元にある大きな総合病院に就職も決まったのですが、真理子さんの母親は娘の努力を労い喜ぶことはなく、「私の言った通りにやっていたから病院に勤めることができたんだ」と、自分の考えを自慢する始末でした。さらには、毎日、仕事を頑張っている真理子さんに対して、「どうしてお前は大学病院のような立派なところで働こうとしないんだ！　根性なし！」と、折に触れてはなじるばかり……。

真理子さんは幼い頃からお母さんに「受け入れてほしい」「認めてほしい」「褒めてほしい」という叫びにも似た強い欲求を持っていました。だからこそ、お母さんの言う通り看護師の資格をとり、お母さんと同じ看護師になったのです。残念なことに、現実のお母さんが真理子さんの頑張りを認めることは起こりえないために、職場の人たちのようなお母さんの「代理人」

に認めてもらうことで、お母さんからの承認欲求を満たそうとして、自分を犠牲にしてまでも一生懸命に相手に尽くそうと頑張ることをしてきたのです。でも、いくら代理人に認めてもらっても心の空白を埋めることはできません。

そもそも、真理子さんは、認めてもらいたいと思っている相手が「お母さんの代理人」だとは思っていないので、終わりのない頑張り地獄を限界まで続けてしまう。そして、頑張ることの限界が来たときに、燃え尽きてしまい自ら関係を分断してしまうのです。

また、真理子さんの人間関係の特徴として、相手の何気ない言葉に傷つきやすいというだけでなく、**相手から言われたことを繰り返し思い返しては、自分で自分を傷つけてしまう「反すう思考」**というものもありました。これも、不安定な愛着を持った人の大きな特徴の一つです。

何気ないちょっとした一言で傷つきやすい傾向のある人は、過去に「本当は一番守って欲しい人（母親）から、なんらかの形で傷つけられてきた」というケースがとても多いです。とはいえ、親自身が意図的に傷つけたというよりも、子どものために良かれと思ってやっていたことが結果的に傷つけることになっていたというケースもかなり多いです。

こうした過去を引きずっていると、人を信じられなくなったり、人が怖くなったり、傷つけられることに過敏になりすぎて、全く悪意がないことや偶然起きたことにまで悪意を感じてしまい、いい関係性を築けていた相手でも、「もう耐えられない！」と、突然、関係性を分断してしまうということが起きやすくなります。たとえ相手がいい関係性を築こうと努力していたとしても「この人だって、いまに絶対、私にひどいことをしてくるはず！」というフィルターを通して相手を見ているので、結果的に誰ともいい人間関係を築くことができないのです。

本当なら「無条件の愛」を与えてくれ外敵から守ってくれる、いつでも温かく頼れる存在である母親から深い心の傷を受けてしまうと、真理子さんのように他の人間関係にも悩ましい影響を与えてしまうのです。

さらに「愛着問題」についての理解を深めるために、別の事例から家庭環境に着目して見てみましょう。

無気力で不登校中の孝君（仮名・男性・10代・高校1年生）のケース

高校受験に失敗し、滑り止めの高校に進学した孝君は、一年生の最初のテストの際に数学で赤点をとってしまいました。それ以来、勉強が嫌になり、しまいには部屋に引きこもって学校に通わなくなるという生活が続いています。

実は、孝君は、中学一年生の頃から、こっそりと親の財布からお金を持ち出したり、万引きをしたり、嘘をついたりすることが増え、また、落ち着きがなく思い立ったら考えなしに行動してしまうということも目立つようになっていたそうです。

先生や両親が注意すると、途端に反抗的になることもあって、中学時代から学校でもトラブルは多かったようです。

孝君にいい学校に行かせたいとの思いから塾に通わせても、一向に学業はパッとせず、勉強以外でも何をやるにしても嫌々やっている態度が露骨で、親としてはそんな孝君の態度を見るたびにイライラさせられるとのことでした。

そんな状態なので、受験勉強もいまひとつ真剣味に欠け、結果、志望校には不合格。ただ、それについても孝君は「高校なんてどうでもいい」という態度を改めることなく、滑り止めで受かっていた高校に通ったのもつかの間、現状では部屋に引きこもって、一日中寝ているかゲームをしているとのことでした。

このケースでは、孝君のご両親が直接相談に見えたので、これまでの家族環境について詳しく伺うことができました。

孝君のご両親は、両方とも学校の先生をしていて、孝君が小さい頃から休みの日もなかなか一緒の時間を過ごすことができなかったそうです。また、学校の先生ということもあってか、幼い頃から教育熱心で、孝君にかける期待はそれは大きかったそうです。塾以外にも習い事も複数通わせていました。

このケースでは、ご両親から伺う限り、孝君への愛情が欠けているということは感じませんでした。むしろ「目の中に入れても痛くない」という思いに溢れているように思えるのですが、実際に家庭で何が起きていたのかというと、幼かった孝君の普段の世話については他人（保育園）任せにも関わらず、「あれをしろ」「これはするな」と、親の一方的な期待を押し付けてばかりという過干渉な状況だったのです。

その結果、孝君の言葉を借りるなら「両親からは**『安心』**や**『絆』**といったものを感じることができず、むしろ『命令』『強制』『否定』ばかりを受け取っていた」のでした。

「嘘をつく」という行動も、愛着が不安定な人に見られる典型的な行動と言えます。というのも、本当のことを言うと、怒られたり傷つけられたりするため、反射的にごまかし嘘をつくという反応を身につけてしまうのです。

これは、情緒不安定な親に育てられたお子さんにもよく見られる現象で、親からの予測不能な「精神的、身体的」な攻撃に対処し、子どもが親をコントロールするために身につけたサバイバル能力と言ってもいいでしょう。

孝君のご両親のように、教育熱心がゆえの「圧力統制型の親」や「情緒不安定な親」の影響で愛着がフラフラ揺らいでしまうと、自分の命運の鍵を握っている親の顔色ばかりを伺っては、その場をなんとか取り繕うことが生き残る術になります。

普段から「いま、目の前の恐怖」に対応することに精一杯で、その先のことまで気が回らない極度の緊張状態にいるとも言えるでしょう。

ですから、何かのキッカケで緊張の糸が切れたときには、一気に無気力になり燃え尽きるということが起きたりするのです。

さて、真理子さんと孝君、この2つの全く違うケースですが、実はどちらも家庭環境における基本構造は一緒です。

- 親が自分の基準（価値観）や期待を子どもに要求し続ける
- 親が子どもの「能力」「人格」などを早い段階で決めつけ、型にはめてしまう
- 親の基準から外れると、なんらかの「罰」が下される
- かといって親の基準に一貫性もなく、時と場合によって流動する（不安定・気分次第）ため、どこまで頑張ればいいのか線引きできない
- たとえ親の基準を満たしたとしても、期待している愛情はもらえない。そればかりか粗探しをされて罰が下されることもある
- 親自身は我が子に対して「良かれ」と思い悪気なくやっているため、子どももストレートに抵抗できず追い込まれている

こんな具合です。

2つのケースを通して「愛着問題」が生じやすい環境や、愛着に問題があると生じやすい事象について見てきましたが、あなた自身の家庭環境を振り返ったとき当てはまる特徴はあったでしょうか？

ここであなたにお伝えしたいことは、なにも「親が悪い」とか「環境が悪い」とか、そういうことではありません。

当時は必要だった「愛着に問題を抱えた家庭環境を生き抜くために身につけたサバイバル技術」を、大人になったいままでも使っているおかげで、現実が生きづらくなっている可能性が非常に高いということです。

一人で上手に自転車に乗れないときは、補助輪をつけて走る必要があったかもしれません。一人で自転車に乗れるようになってからも補助輪をつけっぱなしにしていると、逆にスムーズに自転車を走らせることができなくなってしまいます。ところが、補助輪が邪魔になっているとは全く気づいていない……。

たとえるなら、こんな具合です。

ではここで、もう少し愛着の問題に関する環境について理解を深めていきましょう。

2-2 愛着に問題が生じやすい親の行動とは？

最初にお話しした通り、愛着は主に親との関わりという体験を通して構築されていきます。

たとえば、親が高い共感力と感受性をもって、一貫して子どもと接してくれる。子どもの訴えかけたいことを汲み取り、即座に適切に反応してくれる。かといって、子どもが求める以上に介入したり干渉したりすることはせず、子どもの欲求に適切に対応してくれる。また、親自身が子どもとのスキンシップを心から楽しんでいる。子どもが何らかの危険を感じたり、痛手を負ったりした際には、いつでもシェルターの役目を快く引き受けてくれる。

こうした環境であれば、私たちは安定した愛着を心に構築することができるでしょう。ですが、「みじめ中毒」の人は、次の8つのような接し方をされていることがとても多いことに気づかされています。

1「拒絶」と「無関心」

子どもが何かを訴えても、その訴えを親が激しく拒絶したり、自分の殻の中に閉じこもったりして無視してしまう。子どもとのスキンシップに対して嫌悪感を示すこともある。

2「過干渉」

一方的な指示や命令によって、親の価値観の枠に押し込めようとする。子どもが価値観から少しでも外れようとすると、途端に激しく感情をぶつけてくる。

3「過保護」

「あなたのために」などと愛情を恩着せがましく押し売りしたり、羞恥心や罪悪感などを植え付けたりすることによって、子どもを心理的あるいは身体的に支配しようとする。

4「過剰な期待」

子どもの気持ちや能力、欲求を無視して、親の価値観を実現するように期待（強要）する。

5「役割の逆転」

親が子どもに親の機嫌をとるように強要する。一家の大黒柱の役目を子どもに担わせるなど。

6「情緒不安定」

あるときは子どもの求めに過剰に反応し、ときには暴走までしてしまう。またあるときは子どもが求めても「心ここに在らず」で全く反応しない。親が気まぐれに子どもにストレスをぶつけてくると思ったら、過剰なまでに子どもに謝罪してくる。

7「比較」

兄弟姉妹などと比較しては「劣っている部分」だけを、ことさらピックアップする。子どもにはなんら罪のない親自身の劣等感を子どもにも強要する（ウチはヨソと違って貧乏だ、など）。兄弟姉妹のどちらか一方だけをえこひいきする。

8「虐待」

殴る、蹴るなど、直接的に暴力を振るうものもあれば、衣食住など生きる上での最低限の基盤を満たさないものもある。「言葉」「仕草」「表情」「態度」によって間接的に表現されることもある。

これらの8つは、単独、あるいは混在した状態で子どもに向けられます。

こうした破壊的な愛着環境をなんとかして生き抜くために、私たちは本能的に「身を守るサバイバル術」を会得します。

その典型的なものが**「ありのままの自分を押し殺して周りの顔色を伺う・周りの機嫌をとる」「ありのままの自分を押し殺して周りが求める自分を演じようとする」「自分が犠牲になることで場を収めようとする」「理不尽な要求も相手のなすがまま受け入れる」**などです。

また、家庭の中で肉体的、経済的に力のある父親が、母親に対して1から8のようなことを繰り返し行なっているのを見せられた場合にも、子どもは「みじめ中毒」の特徴を身につけるようです。悩ましいことに、父親から母親を守ることができない自分に対して、大人になっても強い劣等感や罪悪感、無力感、無価値感をずっと感じていたりすることもあります。

ここであなたにお伝えしたいことは、今のあなたを生きづらくしている原因が、愛着に問題を抱えた当時の家庭環境を生き抜くために身につけたサバイバル技術を手放せないことにあるのであれば、これを機会に徹底的に見つめ直すことで、癒し、そして手放していきませんかということです。

では、具体的にどうやって手放し、癒せばいいのかということについては、これから順を追ってお話ししていきますので安心してくださいね。

2-3 「みじめ中毒」の解消はゴールではなくスタート

ここまで、あなたの「過去」を中心に話を進めてきました。

あらためてここで、あなたに確認したいことがあります。

それは、あなたが「みじめ中毒」を解消したその先に、どんな「ありたい自分」を思い描いているのかということ。言い換えるなら、「あなたの目標（ゴール）」はクリアになっているかどうかということです。

経験上、心の問題を抱えて苦しんでいる方の多くは、「現状の苦しさから抜け出すことができればうまくいく」とか、「いま抱えている問題が解決できれば未来が開ける」など、問題がなくなればなんとかなると短絡的に考えてしまっている傾向があります。

自分をことさら責めたてることもなくなった。自分と他人を比較しては落ち込んだり嫉妬したり、イライラすることもなくなった。他人の顔色を伺っては他人に振り回され自分を犠牲にすることもなくなった。これまで苦しめられてきた数々の心の重し（禁止令など）を外すこともできた……。

確かに、そのような問題がなくなれば心は軽くなるかもしれません。

ですが、間違えないでください。

あなたが「みじめ中毒」を克服することは、幸せな人生を送るためのスタートラインに立つことで、あなたの本当のゴールは「『ありたい自分』として自分の人生を自分らしく生きること」なはずです。

マラソンも42.195㎞という明確なゴールがあるから最後まで全力で走り切れるのであって、もしも明確なゴールがないままダラダラと走り続けさせられたら、きっと途中でやる気を失ったり、手を抜いてしまったり、走るのをやめてしまうことでしょう。

ですから、「みじめ中毒」から抜け出す具体的なトレーニングに入る前に、まずは「ゴール」を明確にしておくことが大切なのです。

ワーク5 ありたい自分を書き出す

「みじめ中毒」から抜け出したあなたは、一体どんな自分になりたいのでしょうか？ あなたの「ありたい自分」をできるだけ具体的かつ詳細に3つ書き出してください。

たとえば、「自信満々の自分になりたい」ということであれば、どんな場面で、どんなふうに考え、どんなふうに振る舞うことができたら「自信満々の自分と言えるのか？」を、可能な限り詳細に書いてみましょう。

（※複数ある場合は、それぞれ詳細に書き出しましょう。）

①

③

②

ワーク6 ありたい自分をさらにブラッシュアップする

次に、先ほどのワーク5で書いた3つの「ありたい自分」を、さらにブラッシュアップしていきます。ワーク5で書いた3つの「ありたい自分」の中から一つずつ選んで、次の質問にお答えください。

質問1 あなたの「ありたい自分」はなんですか？

質問2 「ありたい自分」になれたと、どのようにしてあなたはわかりますか？
（※ゴールを達成した瞬間、それはいつで、どこで、そのとき周りに何が見え、何が聞こえ、どのように感じるかなど、五感を使って達成した状態を言語化してください。）

質問3

もしもあなたが「ありたい自分」になれたら、あなたの人間関係や周りの環境はどのように変化しますか？

（※プラスの変化、マイナスの変化の両方を書き出しましょう。）

質問4

あなたが「ありたい自分」になるために役立つもので、すでにあなたが持っている、あるいは、あなたの周りにあるリソースにはどんなものがありますか？

（※リソースとは、人脈、知識、経験、お金、時間、モノなど。）

質問5

あなたが「ありたい自分」になる過程でなんらかの障害があるとしたら、それは何ですか？　その障害に対して、あらかじめどのような対処が考えられるでしょうか？

質問6

あなたが「ありたい自分」になる過程、あるいは手に入れた後に、もし失うものがあるとしたら、それは何ですか？　それは失ってもいいものですか？　もしも失いたくないものであれば、あなたは事前にどのような対処をすればいいと思いますか？

質問7 起こりうる障害や、失う可能性を考慮しても、あなたが「ありたい自分」になることの意味やメリットは何ですか？

質問8 まず何からすぐに始めますか？　具体的な行動プランは？

※質問5や質問6を考え、「やっぱりメリットよりもデメリットの方が大きいな……」と感じたなら、もう一度、「ワーク5」に戻って、「ありたい自分」の設定をやり直してみましょう。そのあとに「ワーク6」を最初からやってみましょう。デメリットよりもメリットが大きく、あなたが「やりたい！」「達成したい！」と思えるまで繰り返してみましょう。

2-4 無意識の「みじめ中毒」パターンを知ろう

禁止令や拮抗禁止令など、幼少期から刷り込まれた数々のルールは、私たちから「選択の自由」を無自覚に奪い去っています。それに気づかないせいで、現実がつらく生きるのが苦しいと感じていることは少なくありません。

たとえば、子育てにおける「選択」の場面を考えてみましょう。

選択1「親は厳しく私のことを育ててくれた。そのおかげで、こうして立派な大人になれた。だから私も同じように自分の子どもを厳しく育てよう」というアプローチ。

選択2「親は厳しく私のことを育ててくれた。そのおかげで、こうして立派な大人になれた。でも、私はもっと優しく子どもを育てよう」というアプローチ。

選択3「親は厳しく私のことを育ててくれた。そのおかげで、こうして立派な大人になれた。でも、いまはあの頃とは時代も変わった。あのやり方はいまでは通用しない。だから私は、親を反面教師にして、親がやってきたことだけはやらないようにしよう」というアプローチ。

これらは、あたかも自分でより良いやり方を考え、その上で選択をしているかのようですが、実は「親のやり方をコピーする」か、「親のやり方を否定する」といった、親を基準にして、たった二つしかない選択肢の中で選択しているのです。

本来、選択とは、あらゆる可能性や情報を検討した上で、その中から自分が良いと思うものを自由に選ぶことです。言うまでもなく、何を選択するのかによって、その先の結果は大きく変わります。

ですが私たちは、自由に選択しているつもりで、暗黙のパターンを繰り返していることが少なくないのです。こうした選択のパターンは、人によっては、後悔につながるパターンかもしれないし、離別など孤独につながるパターンかもしれません。

いずれにしても、**自分が無意識に持っている選択と行動のパターンに気づき、そのパターンを変化させるべく「意識的に介入」する**ことは、これからの人生を変化させていくきっかけになるはずです。

自分が持っている無意識のパターンに気づくには、「それをすると（考えると）、次に何をするのか（考えるのか）？」を考えながら自分の思考や行動を振り返り分析することが役立ちます。

ここでは、被害者意識が強く「みじめ中毒」で悩んでいた佐藤さん（仮名・40代・男性・会社員）のケースを参考に、「無意識の自分イジメのパターン」を見ていきたいと思います。

佐藤さんは、毎朝、目が覚めると、まずスマホで、その日のニュースをチェックします。佐藤さんにとっては、ニュースをチェックすることは職場で話題に困らないための「ネタ作り」

「みじめ中毒」の佐藤さんが持っている
無意識の自分イジメのパターン

〈図3〉

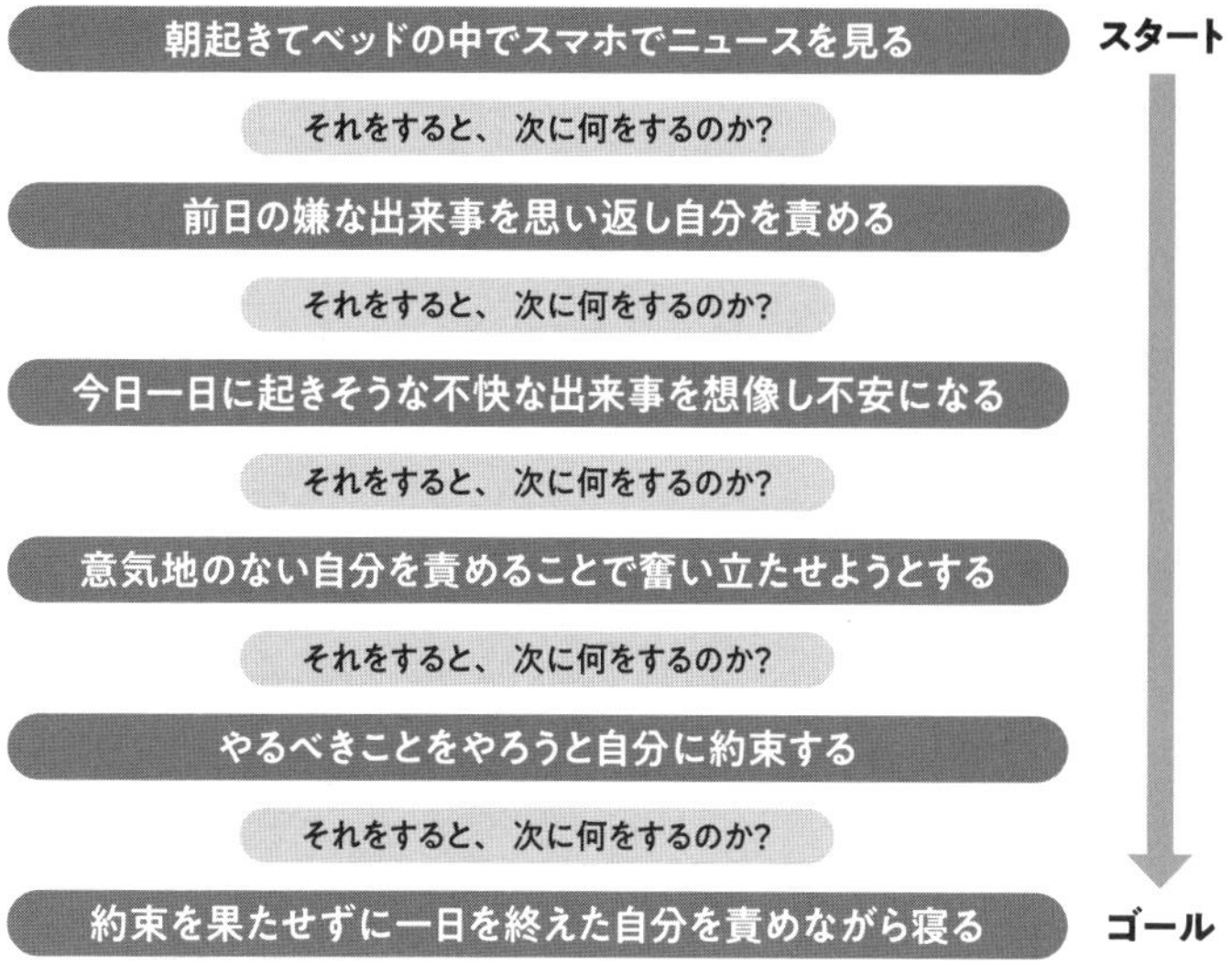
朝起きてベッドの中でスマホでニュースを見る
スタート
それをすると、次に何をするのか?
前日の嫌な出来事を思い返し自分を責める
それをすると、次に何をするのか?
今日一日に起きそうな不快な出来事を想像し不安になる
それをすると、次に何をするのか?
意気地のない自分を責めることで奮い立たせようとする
それをすると、次に何をするのか?
やるべきことをやろうと自分に約束する
それをすると、次に何をするのか?
約束を果たせずに一日を終えた自分を責めながら寝る
ゴール

として最重要項目になっていたそうです。

ですが、多くのニュースは暗い内容のため、それに触発される形で、昨日起きた不愉快な出来事を思い返しては自分を責めるということをはじめます。そうしているうちに今度は、これから起きそうな不快な出来事を想像しては不安感をさらに高めていきます。そうやってベッドの中でグズグズして不安に襲われている弱い自分を徹底的に責めることで奮い立たせ、やるべきことをやろうと決意するのですが、決意したことをやりきれずに一日を終えてしまった自分を責めながら眠る。こうしたパターンを毎日繰り返していました。〈図3〉

「それをすると（考えると）、次に何を

するのか（考えるのか）？」を丁寧に繰り返し分解することで、自分の無自覚な思考や行動のパターンに気づいた佐藤さんは、

①朝起きたらベッドの中でスマホをチェックする習慣をやめる
②代わりに、禁止令に許可を出すワークをする（【ワーク4】禁止令を少しだけ緩めてみよう）
③それが終わったら、すぐにベッドから出る
④お気に入りの音楽をかけながら、今日一日のスケジュールを確認する
⑤やるべきことを決める以外に、「やらないこと」も決めておく
⑥一日の終わりに日記（【ワーク1】あるもの日記を付ける）を書いてから寝る

という新しいパターンを習慣にするように意識していきました。

はじめの頃は、慣れ親しんだいつものパターンにとらわれ、グズグズと自分を責めイジメては暗くどんよりした日を過ごすこともあったそうですが、新しいパターンが習慣になる頃には、自然と自分イジメ癖が激減していったのです。

私たちは良くも悪くも習慣の生き物です。ですが、「なくて七癖」というように、自分がどんな習慣（癖・パターン）を持っているのか、なかなか自分では気づけないようです。ましてや、一つのちょっとした癖が、次の別な癖を生み出し、それがまた次の別な癖につながっている……そうやって連鎖していることは想像すらしていないようです。

でも、その連鎖のパターンに意識的に介入し、パターンを変化させることで、「みじめ中毒」

から抜け出すこともできるのです。

特に、自分イジメをはじめてしまう、トリガー（きっかけ・引き金）となっているものを変えるだけでも、実はかなり効果があることが経験上わかっています。

では、次にその代表的なトリガーを８つ紹介します。

2-5 「みじめ中毒」を引き起こしやすい8つのトリガー

「みじめ中毒」を引き起こしやすい８つの思考があります。この８つの思考は、自分イジメのトリガーとなる典型的なものです。

1「手軽で簡単」「いますぐ」思考

「手軽で簡単」「いますぐ」に自分のみじめな気持ちを癒してくれたり、紛らわしてくれたりするものにすがる（現実逃避する）ことで、一時的にいい気分を味わおうとする思考です。

たとえば、アルコール、薬物、愛のないセックス、ゲームなど。

本来、しっかりと向き合い乗り越えた方がいいことを避けて、「手軽で簡単」「いますぐ」といった安易な方向に行ってしまうため、後になって「どうして、あんなことをしてしまったのだろう？」と自分を責め後悔しやすくなる思考です。

2「条件付き他責」思考

「あの人さえいなくなれば幸せになれる」「お金さえあれば自由になれる」など、なんらかの条件が満たされれば、すべてうまくいくと信じているものです。

しかし、こうした思考は「他責癖」を強化するとともに、「自分には現状を変える力なんて何もない」という無力感・無価値感を強化してしまうため、結果として無力な自分を責めることにつながってしまいます。

また、一つの条件をせっかくクリアしたとしても、また新たな条件を探し出してしまい、かつ、よりハードルの高い条件を設定してしまう。報われることなくエンドレスで頑張ることになりやすいため、被害者意識を強化してしまいやすい思考です。

3「ちゃんとしなきゃ」思考

いわゆる「完璧主義」のことです。いつ、いかなるときでも「ちゃんとする」ことが最重要ミッションになっており、常に「臨戦状態」にいるため、一人になるとどっと疲れて無気力になる。「ちゃんとしている自分」を演じなければいけないと信じているので、ありのままの素直な自分は常に抑圧してしまいます。

そのため、心の中では「どうして私だけ？」という不平不満がいつも渦巻いているが、そんな自分を抑圧して「ちゃんとしている自分」を演じなければいけないと思い込んでいるので、現実と本音のギャップに苦しみ自分を責めてしまいます。

4「自分さえ我慢すれば」思考

禁止令、拮抗禁止令が強い（多い）人、愛着が不安定で罪悪感が強い人に特に顕著に見られる考え方です。理由や状況に関わらず他者を優先し、自分には我慢を強いる。そのため、利己的な人に虐げられ傷つけられるなどのリスクが高く、実際、そうした人に傷つけられ、世の中に敵対心や不信感を持っている人は少なくありません。

また、ありのままの自分を抑圧してばかりいるために、「自分の本当の気持ち」が自分自身でもわからないという自己不信感から自分を責めているケースも多いです。

5「きっと嫌なことが起きるはず（不幸予知）」思考

過去、トラウマ的な出来事を体験している人に多く見られる思考で、何かを始めようとすると「きっとまた不快なことが起きる」と考えてしまい行動にブレーキがかかってしまう。その結果、本来であれば得られるものも得られなくなることで自分を責めてしまうものです。

この思考癖が強い人は、たとえば自分にラッキーと思える出来事があったとき、そのラッキーな出来事をかみしめるよりも、「この先、どんな嫌なことが待っているのだろう?」などと考えてしまうため、ラッキーな体験を極端に低く見積もってしまう。そのため、事実を大きく歪めて受け取ってしまいます。

6「それなしではいられない(依存)」思考

たとえば、母親が人格否定的な発言ばかりし、そのためにとても傷ついているにもかかわらず、母親と距離を置くどころか自ら母親のご機嫌をとろうと頑張っては、余計に傷つけられてしまうような思考です。

いま抱えている問題の原因がわかっていたとしても、原因に依存し過ぎてしまっているせいで、原因を排除することができない。むしろ、原因を手放さない方向に頑張っていることもあります。

7「服従」思考

はじめから「自分には状況を変える力はない」と信じており、自らの意識で状況を切り開くことや、他者に働きかけることを放棄してしまいます。そのため刻々と状況は悪化していき、状況に服従的に支配されることが当たり前という思い込みを強化してしまうのです。

ガンジーが唱えた「無抵抗主義という抵抗」を主体的に行うのではなく、「服従主義」という考えを信奉しています。

8「両端」思考

「勝者以外はすべて敗者」「正しいか間違っているか」「白か黒か」「完璧かボロボロか」といった両極端な考え方のことを言います。中間地点やグレーゾーンがない。かといって勝者になろうと頑張る訳でもなく、敗者に甘んじるくらいなら何もしないといった、後ろ向き、あるいは現状維持の戦略をとる傾向があります。

目の前にチャンスが舞い込んできたとしても、自分が絶対に勝てる保証がない限りは手を出そうとしないため、チャンスをみすみす逃し、後悔に苛まれます。

ワーク7 トリガーになっているものを見つける

あなたが普段、自分イジメをしてしまっている典型的な場面を思い返してください。そうしたら、実際に自分イジメをする少し前に遡りながら、自分イジメをするきっかけとなっている思考や行動を探し出してみましょう。

トリガーが見つかったら、〈図3〉を参考に、暗黙のパターンを丁寧に分解してみましょう。

・現在のトリガー

⬅

「それをすると（考えると）、次に何をするのか（考えるのか）？」

⬅

・

⬅

「それをすると（考えると）、次に何をするのか（考えるのか）？」

⬅

・

⬅「それをすると（考えると）、次に何をするのか（考えるのか）？」

⬅

・

⬅「それをすると（考えると）、次に何をするのか（考えるのか）？」

⬅

・

⬅「それをすると（考えると）、次に何をするのか（考えるのか）？」

⬅

・

ワーク8 トリガーを書き換える

古いパターンを書き換える、新しいパターンを考えてみましょう。

※トリガーは必ず変化させてください。

※毎日の習慣にするため、無理のない範囲のパターンにしましょう。

・新しいトリガー

⬅

「それをしたら（考えたら）、次に何をするのか（考えるのか）？」

⬅

・

⬅

「それをしたら（考えたら）、次に何をするのか（考えるのか）？」

⬅

・

⬅
「それをしたら（考えたら）、次に何をするのか（考えるのか）？」
⬅
・
⬅
「それをしたら（考えたら）、次に何をするのか（考えるのか）？」
⬅
・
⬅
「それをしたら（考えたら）、次に何をするのか（考えるのか）？」
⬅
・

ワーク9 Let's Challenge

ワーク8で考えた新しいパターンで実際に行動してみましょう。

※まずはやりやすいところから一週間続けて実行してみましょう。

※必要に応じて新しいパターンを修正しても構いません。

第3章
思考と感情——あなたをみじめにさせているもの

3-1 置き去りにされた本音

第2章では「考え方（思考）」について見てきました。次は感情（気持ち）について見ていきたいと思います。

きっとあなたも、幼い頃に「好き」「嫌い」「欲しい」「欲しくない」といった気持ちを、ただ素直に表現しただけなのに、「なにワガママ言ってるの！　まったくもう！」と叱られた経験が一度はあると思います。

他にも、「男のくせに女々しい」とか、「女のくせにでしゃばるな」とか、「いつまでも子どもみたいなこと言って」とか、自分の気持ちをただ素直に表現しただけなのに、それは弱くて、幼稚で、ワガママで、無知で、恥ずかしいことで、周りに迷惑をかけることのように感じさせられて傷ついた経験はないでしょうか。このような経験は、大人になってからも感情を無自覚に抑圧し「感情を思考に置き換える癖」として、私たちの感情の取り扱い方に大きな影響を与えます。

実際、カウンセリングの場面で、「そのとき、どんな気持ちだったのですか?」と尋ねても、感情ではなく「思考」ばかり表現する人は少なくないのです。

ですが、感情と思考は別なものです。

思考は、客観的、理性的で、道筋があって、良し悪しを評価判断するなど論理的なものです。「あのとき、これこれこういう出来事があった」「そのとき、私はこれこれこういうことを考えた」みたいなものは思考ですね。

一方、**感情はただ湧き上がるもの**です。

そういう意味では、感情は理性的でも論理的でもなく「ただ存在するもの」「わけもなく感じてしまうもの」であり、まさに「本音を教えてくれるもの」と言えます。

生きていれば、毎日、色々な出来事を体験します。

そのとき、私たちは「どんな感情をどれくらい感じたのか?」と感情に向き合うよりも先に、

「なぜ、こんな出来事が起きたのか？」「どうして、私がこんな目にあわなきゃならないのか？」といった、出来事の意味を考えること（思考）に時間やエネルギーを費やしてしまって、自然に湧き上がってきたそのときの感情を、置き去りにしてしまいがちです。

傷ついたり、悲しんだり、恨んだり、憎んだり、怒ったり、嫉妬したり……こうした**刻々と湧き上がっている感情は、きちんとキャッチして味わい尽くしてあげないと、心の中に「未解消の欲求不満」としてどんどん蓄積されてしまう**のです。

実際、体感として理解いただけるかと思いますが、感情は私たちの気分、姿勢、意気込みなどに強い影響を与えている……というよりも、むしろ支配していると言っても過言ではないでしょう。

感情は私たちに、「自分が置かれている状況（現実）を知らせてくれる指標」なのです。

ある人が敵か味方か知らせてくれたり、ある状況に立ち向かった方がいいのか立ち止まった方がいいのかを教えてくれたり、あることをしたいのか拒絶したいのかに気づかせてくれたりするサインの役割とも言えます。

感情を見ていけば、あなたとあなた自身の関係性、あなたと他者との関係性、あなたと社会との関係性が見えてきます。

あなたが「幸せ」と感じるのも感情のおかげです。

このように感情は、あなたがあなたらしく生きることを後押ししてくれたり、周囲と適応させたり、方向付けしたりしながら、その感情が「正しい」とか「間違っている」に関わらず、**あなたの中の「真実」を教えてくれるもの**なのです。

ですから、あなたの中にある感情を否定したり拒絶したりすることなく認め、共感し、受け入れ、感情が教えてくれているものから素直に学び、自分の中に統合することができれば、あなたは弱い自分から解放され自由な人生を存分に謳歌することができます。

感情こそが、あなたが「みじめ中毒」から抜け出し、幸福感に満たされた人生を生きることに役立つのです。

3-2 厄介な真実「感情」

あなたの中の真実を教えてくれている感情を避けたり、無視したり、疑ったり、なかったことにしたりして抑圧することは、ありのままのあなた自身という「真実からの現実逃避」をすることと一緒と言えます。

第1章では、禁止令や拮抗禁止令といった、自分の可能性を制限し「みじめ中毒」を引き起こす要因についてお話ししましたが、これらの要因にも、もれなく感情がセットになっています。

それぞれの感情について、それが人生にどのように役立つかを分析し、好ましいもの、好ましくないものに分類し、状況に応じて自在に選択することは不可能ではありませんが、かなり難しいことです。

実際、禁止令でガチガチに凝り固まっている人は、思考や行動を不快な感情を感じる方向に無意識に選択してしまっていることは少なくありません。

「自作自演」でみじめになる選択をしてしまうのです。

感情を持っていること自体を不快に感じる人もいます。感情は扱いにくく、それでいてしつこく自分を苦しめる厄介な存在で、まるで邪魔物であるかのように思っている。そのために、感情を感じることを自らに禁止し抑圧する。そうすることで自分を不快から守ろうとする。

実際、現代社会において感情は、ときに軽んじられ、無視され、理論的ではなく信用するに値しないと抑圧されることがあります。「感情的」という言葉も、芸術の世界以外ではあまり良い意味では使われません。

緊張を過剰に怖れてしまう人も、「感情的に見られてはいけない」「感情的なことは恥ずべきこと」という思い込みにとらわれていると言っても良いでしょう。

感情とは私たちの「心の中の真実」のため、最も傷つきやすい部分でもあります。だからこそ、自分の中にある感情を他人に気づかれてしまうことは、そもそもためらわれるし、万が一、誰かにズバリ指摘されたとしてもそれを認めたくない。なので抑圧するのです。

感情を抑圧した先に待っているのは、むしろ感情の暴走です。

抑圧された感情は、日常生活の中で突然むくむくと顔を出すようになります。

なぜなら、潜在意識は一度あったことは忘れないからです。

傷ついたときも、感情を無視し抑圧したときも、まるでＵＳＢなどの記録媒体のように、いつでもあなたの心の中に生じた情報を克明に記録し続けているのです。

特に重要な情報は、あなたの感情が激しく動いた情報です。

あなたが心に痛みを感じ、その感情を瞬間的に抑圧したとしても、それは潜在意識の中に隠してしまっただけで、あなたがしっかりとその感情と向き合うまでは消えることもなければ、チャンスを伺って「早く認めてくれ！」と要求してくるようになるのです。

ここで、クライアントが表現した感情的な言葉を参考に、「あいうえお順」にいくつか列挙しますので、この後のワークの参考にしていただければと思います。

「あ行」
愛がない
悪意を感じる
圧倒された
甘やかされた
慌てた
焦った
憐み
威圧的
痛み
怒り
いやらしい
卑しい
イライラする
後ろめたい
羨ましい
裏切り
嬉しい
うっかり
恐ろしい
劣っている
怯え
「か行」
がっかり
頑張る
感動
がんじがらめ
傷ついた
緊張する
緊迫した
几帳面
気に障る
気色悪い
競争
協力的
拒絶感
空虚な
苦痛
苦しい
くつろぐ
くよくよする
激怒する
嫌悪する
孤独感
「さ行」
苛(さいな)む
寒々しい
挫折感
罪悪感
残酷さ
幸せ
嫉妬
しつこい
執着
自由
情熱
消耗
神経質
親身
親愛
真剣
心配
ずるい
ずうずうしい
絶望的
絶交
「た行」
怠惰な
だらだらする
ダメ出し
ダサい
ダルい
ためらう
疲れる
つらい
冷たい
つまらない
つまはじき
敵意
敵対心
天真爛漫
どうでもいい
どうにもならない
どうしようもない
動揺
逃避
堂々巡り
毒舌
「な行」
怠ける
情けない
納得
名残惜しい

愉快	傍若無人	謎めいた
許せない	「ま行」	なってない
許し	満足感	名ばかり
陽気	真っ黒な	憎い
弱々しい	真っ青な	睨む
弱虫	惨めさ	苦い
「ら行」	見下され感	ネチネチ
乱雑な	見捨てられ感	粘り強い
乱暴な	醜さ	熱心
埒が明かない	みっともない	のろま
理性的な	報い	「は行」
理解できない	報われない	馬鹿げた
利己的な	無力さ	派手な
理不尽さ	無価値	パニック
劣等感	無能さ	罵詈雑言
劣悪さ	無気力さ	破滅
ろくでなし	無責任	卑屈な
狼狽する	面倒臭い	ビクビク
「わ行」	めっそうもない	ヒステリー
分からず屋	勿体ない	卑怯
分かってもらえない感	モヤモヤ感	卑劣
分かり合えない感	もさもさする	侮辱的
割り切った	「や行」	侮蔑的
割り切れない思い	やるせない	不平等
悪い	やっかむ	不潔な
わけもなく	厄介	不安
	和らいだ	不信
	ヤバい	不快
	躍動感	不都合な
	揺らぐ	憤慨
	憂鬱	暴力的

3-3 あなたの中の厄介な真実と向き合う6つのステップ

さて、あなたは普段、どのように感情を扱っているのでしょうか?

感情は抑圧すれば暴走し、疑えば自分を見失い、無視すれば逆に支配されるようになります。ですから、適切にコントロールするスキルを身につける必要があります。

ここでは、感情をうまくコントロールし味方につけるための練習方法を6つのステップに分けて紹介します。

ステップ① 感情を言語化する

カウンセリングの現場で感じることは、ある一つの感情だけが独立して感じられることはあまりないということです。実際には、**いくつかの感情が複雑に絡み合って、あたかも一つの感情のように感じられているの**です。

ここでは、それらを一つずつ紐解くことはせずに、ひと塊のまま感じ取り、その感情にシックリくる言葉を考えます。

たとえば、愛する人に裏切られたという体験で感じた感情には、きっと「痛み」「悲しさ」「悔しさ」「恥ずかしさ」「怖れ」「怒り」「驚き」「不安」「絶望」など、複数の感情が複雑に混ざり合って、一つの大きな感情の塊になるかと思います。これらのひと塊が、あなたにとっての「真実」なのです。

そのひと塊の感情に対して、「確かにこういう気持ちだ！」とあなたが納得できるような感情的な言葉で表現してみます。

（例）「殺したいほど憎らしいという怒りの気持ち」「死んでも許さないという恨みの気持ち」など。

ステップ❷ 感情を再体験しながら受け入れる

感情的な言葉で表現できたら、「私はいま、自分の中に○○という気持ちを持っています」と実際に言葉に繰り返し出しながら、そのときの感情を再体験してみます。

言葉を繰り返しながら、そうした気持ちが自分の中に実際にあることをはっきり認め、受け取り、ただただ味わっていきます。

なお、多くの場合、この作業がとてもつらい作業に感じることがあります。ですが、この受け入れがたい気持ちは、あなたの中にあるまぎれもない真実です。ここでは、自分の中にある真実だけにフォーカスして味わっていきましょう。

また、このとき、味わっている感情に「名前（愛称）」をつけます。名前は、ステップ1で表現した言葉に関連する名称にすると良いでしょう。

（例）「殺人者X」「必殺仕事人」など。

ステップ③ 感情との対話（共感）

ここでは、名前をつけた感情と「共感のコミュニケーション」をしながら、さらに感情と深く向き合い味わっていきます。痛みを伴うプロセスになるかと思いますが、このプロセスを踏むことによって心の中のネガティブな感情の解毒が進み、傷を癒すことが加速するため、ここは頑張ってしっかり行っていきましょう。

具体的な共感のコミュニケーションは、その感情が生じる原因となったエピソードを振り返りながら行います。

たとえば、「あのとき、あんなことやこんなことまで我慢してやってあげたのに、まさかあんなことを言うなんて、それはこっちだって怒って当然だし、悲しくもなるよね〜」とか、「思い返せば、あのときもあんなひどいことを言われて泣いたっけな〜。本当にあいつはひどいやつだな〜。もう絶対に許せないって思って当然だよね！」という具合に、ステップ2で名前をつけた感情とあたかも会話しているかのようにコミュニケーションしていきます。

このとき、可能であれば、実際に声に出しながらやるとより効果的です。

ステップ❹ 感情との対話（肯定的な意図）

しっかりと共感したなら、次は、その感情があなたに本当に知って欲しい「肯定的な意図」について、さらにコミュニケーションをしていきます。

少し前に、感情は私たちに、自分が置かれている状況（現実）を知らせてくれる指標でありサインでもあり、あなたの中の「真実」を教えてくれるものだというお話をしました。

言い換えるなら、潜在意識が、あなたがまだ気づいていない、あなたに役立つ何かを伝えたいという目的達成のために、感情という手段を使って、あなたにコミュニケーションを働きかけているのです。

私たちが感じる感情には何らかの目的があります。その目的の中でもあなたに役立つ目的のことを「肯定的な意図」と言います。

ここでは、感情が教えてくれる「肯定的な意図」を探っていきます。

具体的にどうやって探っていくのかというと、ステップ3のところで、十分に共感のコミュニケーションをとった上で、ここでは「あなたは私に、この感情を通して何を教えてくれようとしているの？」「何に気づいて欲しいの？」と心の声に耳を傾けていきます。

このとき、人によっては直感的に心の中に、「映像」や「シンボル」「記号」が浮かんでくる人もいれば、「文字」が浮かんでくる人もいます。あるいは「声」として聞こえてくることもあります。

いずれにしても、あなたが擬人化した自分の感情に「何を教えてくれようとしているの？」「何に気づいて欲しいの？」という質問を投げかけたとき、ふと感じた、あなたの直感を逃さずにキャッチしてください。

ステップ⑤ 感情との対話（掘り下げる）

肯定的な意図は一つだけではありません。

あなたの質問に対して、擬人化した感情から一つの答えが出てきたら、まずは心から「教えてくれてありがとう」と感謝しながらその答えを受け取ります。

そして、「他には何を教えようとしているの？」「他に何に気づいて欲しいと願っているの？」「本当にそれだけでいいの？」と質問していきます。

答えを教えてくれるたびに、心から感謝をしながら受け取ります。

これを「もう十分」「これ以上はない」と思えるまで、しっかりと繰り返します。

ステップ⑥ 肯定的な意図を未来に活かす

ここでは、ステップ5で受け取った感情からのメッセージを、あなたの未来に役立たせるために、これからどんな場面で、どんなふうに活用すればいいのかを考えます。

あなたがこれからの未来において、ステップ3で体験したエピソードと、また同じような場面に遭遇した際に、どういう思考や感情、行動をすればいいのかを、肯定的な学びをヒントに考えてみます。

このパートが、あなたを「成長」へと加速させる重要なパートとなります。

確かにつらく苦しい感情を味わう経験だったかもしれない。でも、その経験から何も学ばなければ、また同じことを繰り返す人生が待っているだけで、堂々巡りから抜け出すことができません。

つらく苦しい感情とコミュニケーションすることで、あなたは成長するだけでなく、過去の傷も癒すことができるのです。

「時間が経てば心も癒える。」

確かにそう思えることがあるかもしれません。

私自身、妻を癌で失ったとき、怒涛のごとく押し寄せてくる感情に飲み込まれ、自分ではコントロールすることができず、時の流れに身を委ねるしかないと自分に言い聞かせて、仕事に夢中になるなどして感情を抑圧していたときもあります。

ですが、いくら感情に蓋をして時が過ぎるのをじっと待っていても、いつまで経っても癒される感覚を感じることはありませんでした。むしろ心の中にしまい込んだ感情が発酵し拡大してきて、ふとしたことで爆発しそうになるのを止めることで必死でした。

この体験から学んだことは、「時間の経過」が心の傷を癒すのではなく、**「感情と向き合い続けた時間の積み重ね」が心の傷を癒す**ということです。

この作業は確かにつらく苦しいものですが、感情を知り、感情に触れ、感情を味わうことは、「みじめ中毒」からの脱出には欠かすことのできない作業です。

自分の感情と向き合うことを避け、他責に逃げたり、気分転換に逃げていても、依存体質を強化するばかりです。

あらゆる中毒は感情を和らげ、感情から逃避し、感情を麻痺させようという試みから始まるのです。これは忘れないでくださいね。

3-4 「けど」「でも」「やっぱり」みじめな感情を生み出すトリガーはこうして上書きしよう

きっと誰もが、自分を責め立てることはしたくないと思います。でも、ふと気づくと無力な自分や無能な自分を責めては、取り返しがつかない絶望感に襲われる。

そうした無意識の思考に気づいたときには、もう心の中がぐちゃぐちゃになって自分でもどうしていいのかわからない……。

こういった、「みじめ中毒」にありがちな現象を防ぐためには、**自分をみじめな気持ちにしてしまう、自分イジメの仕組み（パターン）を理解し、ネガティブ感情に押しつぶされて収集がつかなくなる前に対処する**必要があります。

自分イジメの多くは、ちょっとした出来事や、無意識の独り言など、気にも止めない些細なことから始まることが多いのです。そのほんの些細なきっかけを放置したままにしているから、いつの間にかあなたの心はみじめな気持ちに占領されてしまうのです。

たとえば、「みじめ中毒」に陥っている人に多い独り言（口癖）には、次のような「後悔」に直結するものがあります。

「〇〇しておけばよかった」

「〇〇しなければよかった」

「どうして〇〇しなかったのだろう」

「どうして〇〇してしまったんだろう」

これらすべて、過去を振り返り、過去を悔やみ、過去の自分をイジメる思考です。

どんなにあがいても、やり直すことができない過去の自分を、「いま」引っ張り出しては責める。場合によっては、「どうしてあんな人と結婚してしまったんだろう」「どうして、もっといい大学に受かるために勉強しなかったんだろう」などと、何年も昔の話を蒸し返しては、後悔し自分を責めるのです。

一方では、未来に絶望を感じるための独り言にはこういうものがあります。

「きっとうまくいかないはずだ」

「どうせ失敗するに決まっている」

「こんなことはやるだけ無駄だ」

こんなふうに、不吉な未来を断定的に予測しては、自分の可能性を自ら閉じてしまい、新たな後悔を生み出すという自分イジメをするのです。

こうした独り言は、身体の状態に着目したことがトリガーになっている場合は少なくありません。

たとえば、朝起きたときになんとなく体がだるい。だからといって仕事は休めない。そんなとき、「ああ、世の中には自由気ままにお金を稼いでいる人もいるっていうのに、どうして自分は……」と自分を責めてしまう。

あるいは、夜遅くまでお酒を飲んだ翌日、二日酔いに悩まされている自分を、「どうして自分はお酒のセーブができないんだ？　いつになったらこんなバカな飲み方をやめることができるんだ？」と責める……。

他にも、会社の同僚とのコミュニケーションにちょっとした行き違いがあっただけで、「きっと私のことをバカだと思ったはずだ」「きっともう嫌われたはずだ」と自分を責める……。

こうして、ありとあらゆることを「自責のツール」として持ち出しては、とにかく自分を責め続けてしまうのは、自分を責めることで、いま起きているつらい現実から目を背けることができるから。自分を責めることは気分のいいものではないにしても、「くそー！」と気分の高揚を感じることができるから、いつまでも自分イジメがやめられなくなるのです。

特に注意したいのは、**「朝、目が覚めた瞬間」が自分イジメにハマりやすい**ということ。ベッドから勢いよく抜け出し、カーテンを開ければ、外には小鳥がさえずり、太陽が輝き、人々が営む音が聞こえてくるにもかかわらず、布団の中で、じっと心配事や後悔や怒りなどをダラダラと弄んでしまう……。

「みじめ中毒」に陥っていると、いくら「こんな自分をやめたい！」「変わりたい！」と頭では願っていても、潜在意識ではみじめな自分が「自分らしい自分」だと思っているので、朝からベッドの中でダラダラすることが日課のようになり、朝から自分をイジメないと「その日一日が始まらない」と錯覚していることすらあるのです。

こうした自分イジメ癖を止めるには、前のページでお話しした「6つのステップ」を使って、そのつど、感情と向き合ってみるのはとても効果的です。

ですが、すでに「6つのステップ」に取り組んだあなたは、こう思っているかもしれません。「6つのステップ通りに感情と向き合う練習をしている。けど、でも、やっぱり自分を責めてしまうんだよね……。」

この「けど、でも、やっぱり」という否定的な接続詞は、無意識の自分責めを始める独り言の中では代表的なトリガーです。

もしもあなたが、「けど、でも、やっぱり」という独り言を使っている自分に気づいたら、すかさず、もう一度「けど、でも、やっぱり、私はありたい自分になるんだ！」と、肯定的な言葉で何度も上書きしましょう。

3-5 「悪魔の声」と「天使の声」

ここでは、「心の中に棲む悪魔」という、ちょっとおどろおどろしい言葉で、とても大切な「自己受容」についての理解を深めていただきたいと思います。

さっそくですが、ここであなたに質問です。

あなたが、あなた自身で認めたくない弱い自分、ダメな自分、情けない自分、そのほか、欠点とか気にしていることを、枠の中に、思いつく限りすべて書き出してください。

（例）すぐに弱気になるところ、人のことを見下してしまうところ、嫉妬心がつよいところ、人のせいにして責任転嫁するところ、などなど。

書き出しましたね？

では次に、さきほど書き出したことを、「確かに私ってそうだよな～」と実感しながら、「実は私、○○な人間なんです」と、実際に声に出して言ってみます。

これは、少しつらい作業になるかと思いますが、勇気を出して書き出したものすべて声に出して言ってみてください。

では、実際にやってみましょう！

（例）「実は私、すぐに弱気になる人間なんです」

「実は私、人のことを見下してしまう人間なんです」

「実は私、嫉妬心が強い人間なんです」

などなど……。

はい。お疲れ様でした。

実際に言葉に出してみたとき、どんな気持ちになりましたか？

コンプレックスを抱えていると、自分がひどくみじめでダメな欠点だらけの人間のように感じます。抱えているコンプレックスが誰にもバレないように、一生懸命アンテナを張り巡らせ身を潜め、常に「臨戦態勢」で臨みます。

でも、それぱっかりではあまりにも疲れてしまうので、「コンプレックスを抱えたありのままの自分」を体験しなくて済むように、まるで忍者のようにコソコソと、当たり障りのないように立ち居振る舞うことも学んでいきます。

ときには、自分だけがババを引くことで、本当の自分がバレないように策略したりもします。

それでも、なにかのきっかけで、そのコンプレックスと向き合わざるを得ないとき、「ああ、やっぱり自分はダメな人間だ……」とひどく落ち込んだり、羞恥心に囚われたり、自分イジメをはじめてしまうのです。

一方、「もうこれ以上、こんなに恥ずかしい思いはしたくない！」と一念発起して、改善にむけて新たなアクションを起こす人もいます。

この違いはなんなのでしょうか？

弱くてみじめでダメな自分をバネにするためには、いったん、ありのままの自分をしっかり

と受け止める（受け入れる）ことが大切なんです。

それが「自己受容」です。

ともすると私たちは「こんなにすぐに弱気になる自分って、なんて情けないんだろう」とか、「人を見下すなんて、自分はなんて性格が悪いんだろう」などど、反射的に自己否定（拒絶）してしまい、心の中に棲む悪魔の声ばかりに耳を傾け、ありのままに感じたこと、考えたことを素直に受け止めるということをしなかったりします。

どんなにみじめで情けない自分だったとしても、「だって、これが等身大の自分だもんね」と、事実を否定することなく肯定的に受け入れることが大切です。その練習のために、先ほど実際に声に出して言ってもらったわけです。

では、次に、この「心の中に棲む悪魔の声」を無効化する練習をしてみましょう。

ワークの説明に入る前に、このワークを実際にやっていただいた小松さん（仮名）の例を紹介します。

小松さんは視線恐怖に悩んでいて、職場でもプライベートでも生きづらさを感じていました。

そんな小松さんは、こんな感じでことあるごとに自分のことを責めていました。

《小松さんの心の中に棲む悪魔の声》

「お前はこれまでも、そしてこれからも、そうやってビクビクして人の視線を怖がって生きていくんだ。どうせ何をやったって、うまくいかないし、どんなに頑張ったって昔のように笑って暮らすなんてことはできないよ。実際、周りの人だってお前の表情が固まっていることを怪訝に思っているし、お前と話をはじめると、みんな表情が硬くなっていくじゃないか。」

この悪魔の声に小松さんは、こんな天使の声で無効化を試みます。

《小松さんの天使の声》

「確かに、私はこれまで、いつも人の視線を気にしてビクビクおどおどしていた。人がそばに近づいてくるだけで緊張して視線をどこに向けていいかわからなくなっていた。周りの人も、私と会話すると、どんどん表情が曇っていった。」

(ここまでは、悪魔の声を否定することなく自己受容します。)

(ここから天使の声で、悪魔の声の無効化を計ります。)

「でも、それは昨日までの私だ。いま、私は現状を改善しようと一生懸命、自分と向き合って頑張っている。もちろん、すぐに望む結果が得られるとは限らない。でも、私は諦めない。以前の私のように、笑顔で暮らせるように、笑顔で仕事ができるように成長するんだ。それに対して何か文句があるの？　そもそも、別に人の視線がちょっとくらい怖くたっていいじゃない。世の中には変な人だって一杯いるんだから。でも、私はこんな自分を好きだし、受け入れるし、そして成長するの！　もう、あなたは黙ってて！」

でも、またしても心の中に棲む悪魔がささやきます……。

《小松さんの心の中に棲む悪魔の声》

「なにを開き直っているんだ！　お前は欠点だらけで、本当の自分をずっと隠してきた嘘つきだし、本当のお前を家族や職場の人が知ったら、みんなお前の元から去っていくだろう。お前は無責任で、自己中で、人に感謝もしないし、誰の役にも立っていないし、のろまだし、むしろお前のせいで、子どもたちは臆病な性格になったんじゃないのか！　お前の視線恐怖は、これからも一生直らないのさ！」

《小松さんの天使の声》

「確かに、私は欠点だらけだし、できないことばかりだし、人に迷惑をかけてばかりだし、本当の私をずっと嘘をついて隠してきたし、そんな私のことを家族や職場の人が知ったら、軽蔑するかもしれないし、ガッカリするかもしれない。

これからも、仕事でミスしたり遅かったりして迷惑をかけることもあるだろうし、家族にわがままを言って困らせることもあるでしょう。

実際、私は無責任で自己中で、こんなに子どもからも夫からも愛されているのに『いつもありがとう』と感謝もしないし、むしろ文句や愚痴ばかり言っている。

職場ではミスしてばかりで迷惑をかけているし、仕事は遅いし、私がビクビクと神経質なせいで、子どもも臆病な性格になったかもしれない。

そして、人の視線が怖いことはこれからも続くかもしれない。

そう。それがありのままの、いまの私です。」

（ここまでが自己受容です。）

（ここから天使の声で無効化を許ります。）

「でも、だから何だっていうの？　そんな私のことを、私の家族はちゃんと愛してくれている。あなた（悪魔）は、それをやっかんでいるだけじゃないの？

いま、私は現状を改善しようと一生懸命、自分と向き合って頑張っている。もちろん、すぐに望む結果が得られるとは限らない。でも、私は諦めない。以前の私のように、笑顔で暮らせるように、笑顔で仕事ができるように成長するんだ。それに対して何か文句があるの？　私はこんな自分を好きだし、受け入れるし、成長するの！　もう、あなたは黙ってて！」

こんな具合です。なんとなくイメージは伝わりましたか？

無意識に浮かんでくる自分をみじめな気持ちにさせる悪魔の声に対して、いったん、それをそのまま受け入れ自己受容し、その上で、「なりたい自分」「ありたい自分」を力強く宣言するという、自作自演の寸劇です。

これを、悪魔の声が静かになるまで、力強く繰り返していきます。

最初のうちは、悪魔の声がしつこくしつこく……それはしつこく何度も繰り返し囁いてくるかと思います。それでも、何度もなんども天使の声で対抗していると、いつしか、悪魔の囁きが弱々しくなっていって、さらには鼻で笑い飛ばせるくらいになったりします。

ワーク10 天使の声で無効化してみよう

設問に従って、あなたの心の中に棲む悪魔の声を無効化する練習をはじめましょう。

①あなたが自分をイジメるときの、非難の声、否定的な声、劣等感や罪悪感、無力さや無価値感を感じさせるなど、悪魔の声を箇条書きで書き出しましょう。
※書き出せる限りすべて書き出してみましょう。

②①で書き出した悪魔の声を、すべてやさしく肯定的に受け止めながら、実際に声に出して話してみましょう。（自己受容）

③悪魔の声を無効化する天使の声を書き出しましょう。書き出したら、心の中の悪魔にやさしく、そして力強く説教するように、声に出して言ってみましょう。

④無効化するそばから、想定していたこととは違う内容の悪魔の声が聞こえてくることがあります。その際には、また①から繰り返しやってみましょう。

このワークは、流れ自体はシンプルですので、ぜひ新しい習慣として身につけてください。

【自分を責める悪魔の声➡自己受容➡天使の声で無効化】

繰り返し練習して習慣化できるようになると、反射的に自己受容しながら天使の声で無効化できるようになります。

日常生活の中で、ちょっとしたイライラとか、ちょっとした羞恥心とか、ちょっとした緊張感などを感じたとき、自分の内側に耳を澄ましてみれば、間違いなく悪魔の声が聞こえているはずです。その声は、自分自身の声かもしれませんし、親や先生など他人の声かもしれませんが、いずれにしても、確実にあなたを弱らせ苦しめ追い詰め罰を与えようとする声なはずです。

その悪魔の囁きを聞いた瞬間に、間髪入れずにこのワークで徹底的に無効化すると、これまでのように、ただただ自分イジメをし続けてしまうのとは違った世界を体験できるはずです。

なお、自己受容は「みじめ中毒」から抜け出すためのとても重要なキーワードになるので、後の章でも詳しくお話しします。

第4章 いますぐはじめよう! 自分を変えるテクニック【日常生活編】

「みじめ中毒」の一番の原因である自分イジメをやめるのには、それなりに時間がかかります。もちろん日々の練習の積み重ねも欠かせません。これまで当たり前のように行いながら慣れ親しんできた「身体に染み付いた習慣」を変えるのですから、「一瞬でやめられる魔法」のようなものはないと、改めてここで割り切っておきましょう。

いくら時間がかかるとはいえ、日々の生活で起きる些細な悩み事レベルであれば、ちょっとした技術で対処することは可能です。そして日々の些細な悩みを解決できているという実感は、あなたの自己肯定感をアップすることにも大変役に立つものです。

そこで、この章では、日常で感じるよくあるちょっとした悩みに効果的な心理スキルをお話しします。これから紹介する20のテクニックは、ともすると「えっ? そんなことでいいの?」と疑問に感じるものもあるかもしれません。あまりにも単純で、本当に効果があるのかと疑いたくなるかもしれません。ですが、実際に使ってみるまで判断しないでください。

まずは一つひとつ慎重に、真剣に、実際に試してみてから判断して欲しいのです。どっちみち、もしも効果を感じられなかったとしても、それは現状維持のままというだけで、あなたには何の損もありませんから。

そしてもう一つご注意いただきたいことがあります。それは、**どれくらい正確にやるかよりも、どれだけ自分を信じて真剣にやるかの方が、とてもとても大切**だということ。

「古いパターンを壊してありたい自分に近づくために、駄目元でいいから真剣にやってみよう! やった結果から新しい学びを得て、またチャレンジしてみよう!」という肯定的な姿勢や動機が何よりも重要なのです。

「どうせいまさら何をやっても無駄だ」「こんなことはやる前から知っている」といった、あなたの内側から湧いてくる、あなたを「みじめ中毒」のままでいさせようとする心の声には絶対に耳を貸さないでください。「最初からうまくなんていきっこないさ」と失敗を織り込んでおいてください。「たまには後戻りすることだってあるさ」とゆったり構えておいてください。

あなたは、長年の間に身体に染み付いた癖と戦おうとしていることを忘れないでくださいね。

では、早速、本題に入りましょう。

テクニック1 頭の中に、みじめな気持ちにさせられる声が聞こえるという悩み

きっとあなたは、あなたが思っている以上に毎日のアレヤコレヤをそつなくこなしているはず。にも関わらず、「こんなことはできて当たり前だ」「こんなことで満足している場合じゃない」と、どこからともなく無意識に自分を叱る声が聞こえてくる。その声が聞こえるたびに、もっと自分を追い込まないと堕落したダメな人間になってしまうと思い、せっかくの成果をなかったこと、無駄なことのように解釈してしまう。

そして、あなたが好ましくない行動をしたときには、待ってましたとばかりに声は大きくなり、あなたのことを厳しく批判し、非難し、粗探しをしては、みじめな気持ちになってしまう……。

こうした声に耳を傾けないように頑張れば頑張るほど、余計に感情はざわつき、声はよりうるさくなってしまいます。かといって、声に耳を傾けてしまうと、それはそれでみじめな気持ちになってしまうという、まさに袋小路にはまったかのような絶望感を感じている人は少なくありません。

こんなときは、その声に、客観的な第三者の視点で耳を傾けながら、客観的な事実を数値化して見える化するというテクニックが役立ちます。

（例1）

あなたは、スマホでセットした目覚ましの時間通りに目を覚まし、ダラダラしたい気持ちを抑えてベッドから抜け出した。そして、ベッドを整えて洗面所へ向かった。

このとき、「目覚ましで起きるなんて、そんなの小学生だってできることさ。そもそも起きたときに、もっとダラダラしたいとか甘えたことを考えただろ？　それにベッドを綺麗に整えることだって、子どものときからの習慣だからやっているだけで、自分一人で工夫して考えたことじゃないじゃないか。なに得意げになっているんだ！　まったくこんな当然のことしかできないのか？　0点！」あなたはこんな心の声を聞いているかもしれません。

では、事実は何でしょうか？

- 前日にスマホの目覚ましを忘れずにセットした
- 起床時間を考慮して、前日には早めに就寝した
- スマホの目覚まし音で目覚めた
- 目が覚めたら起き上がり、ベッドを整えた
- 顔を洗いに洗面所へ向かった

これだけの事実がありながらも、心の声が「0点」と騒いでいるのはおかしいと思いませんか？ 少なからず、「目覚ましで予定した時間に起床する」という目標は達成したのですから、90点以上でも全然いいとは思いませんか？

では、続きを見ていきましょう。

（例2）

洗顔を終えてリビングに入ると、昨日、夕飯を食べながら読んでいた雑誌や、仕事から帰ってきて脱いだままの服が散らかっているのが見える。視線をずらすと、流し台には昨日の夕食の食器がそのまま残っている。

すると今度は、「まったく！ なんてろくでなしでだらしない人間なんだ！ お前は最低のクズだ！ これじゃあ、足の踏み場もないじゃないか！ まるでゴミ屋敷だ！ おまけに流しの中まで……。もうお前のような奴は人間のクズとしか言いようがないな！ 0点！」あなたには、こんな心の声が聞こえてくるかもしれません。

では、事実は何でしょうか？

- リビングの床には雑誌3冊が置いてある
- ソファーには、帰宅して脱いだままのワイシャツとネクタイがある
- 流し台の中には、昨日の夜に使ったご飯茶わんと、お皿が一枚、コップが一個ある

たったこれだけの事実をつかまえて、「ろくでなしのクズ！」呼ばわりは、あまりにも乱暴でおかしいと思いませんか？

ちょっと想像してください。

あなたはあるドラマを見ています。その中の主人公は、あなたの大好きなアイドルです。そのドラマのワンシーンで、まさにあなたの部屋とまったく同じ状態の場面が出てきたとします。その時にも同じように、「まったく！　なんてろくでなしでだらしない人間なんだ！　お前は最低のクズだ！　これじゃあ、足の踏み場もないじゃないか！　まるでゴミ屋敷だ！　おまけに流しの中まで……。もうお前のような奴は人間のクズとしか言いようがないな！　0点！」とボロクソに断罪しますか？

きっとしないと思います。

むしろ「ああ、きっと仕事で疲れていたんだな〜」と労いの視点で登場人物を見るのではありませんか？　そして、もしも点数をつけるなら60点以上にするのではないでしょうか？

こんなふうに、あなたが心の声に自分イジメを受けそうになったら、

1 心の声を「第三者の視点」で聞く

2「第三者の視点」で具体的な事実（事象）だけを注意深く観察する

3 事実に基づき、少しひいき目に採点する（もしも大好きなアイドルが同じ状況だったら何点？）

この3つのステップを粛々と行うことで、心の声を無効化することができます。

テクニック2 繊細すぎて周囲の言動や感情に振り回されるという悩み

人の言動に動揺しやすかったり、人の感情に自分の気持ちが左右されてしまったり、周囲の音、光、匂いなどがやけに気になって集中できなかったり……。HSP（Highly Sensitive Person）ではなかったとしても、感受性や共感力が人一倍強く、繊細がゆえに周囲に振り回されてしまい、そんな自分を嫌悪してしまうという相談は少なくありません。

こうした場合、

1 外部から受け取る感情的、物理的な情報量を低減する戦略
2 受け取った情報の質を変える戦略（リフレーミングなど）

という大きく2つの戦略が有効なのですが、ここでは「外部から受け取る感情的、物理的な情報量を低減する戦略のテクニック」を紹介します。

①目の前に、自分の体がすっぽり入るくらいの透明な着ぐるみが天井から釣り下がっている状態をイメージする。

②その着ぐるみは、外部からの不必要な雑音や感情をシャットアウトできるバリアーとして機

能し、それを着ることで安全で安心できる心の状態でいられる自分をイメージする。
③最近起きた、周りから不快な影響を強く受けた場面を思い返す。
（例）目の前で同僚がお客さまから激しくクレームを受けていたなど。
④最低最悪な心の状態をマイナス100点として、その場面を思い返している時の心の状態を採点する。
⑤その場面を思い返しながら、今度は①でイメージした「透明着ぐるみバリアー」を着用する。
⑥「透明着ぐるみバリアー」を着用した状態のままで、④と同じように心の状態を採点する。
⑦バリアー効果を確認したら、「透明着ぐるみバリアー」を脱ぎ、いざというときにいつでも取り出せる場所に大切に保管しておく。
※バリアー効果が感じられない時は、①と②を改めて丁寧にやってみる。

テクニック3 いざという場面で、緊張して地に足がつかないという悩み

接客しているとき、お客さまに自分がどう映っているのかを意識しすぎて声がうわずってしまう。会議で発表するとき、緊張して頭が真っ白になってしまう。

長い人生で見ればほんの一瞬の出来事なのですが、そのせいで自信を失ってしまったり、相

手にネガティブな印象を与えてしまったりするのは、もったいないことです。

そこで、先ほどのテクニック2の変化バージョンとして「パワースーツテクニック」を紹介します。

①目の前に、自分の体がすっぽり入るくらいの透明な着ぐるみが天井から釣り下がっている状態をイメージする。
②その着ぐるみは、たとえ緊張していてもエネルギッシュになり、体の内側から勇気が沸き起こり、冷静沈着でいながらも大胆に自分を表現できるなど、あなたが望んでいる「ありたい自分になるためのパワースーツ」としての特殊機能を持っていることをイメージする。
③そのパワースーツに自由に装飾を施す。
（例）スーツの外側に黄金のオーラをつける。スーツを着ると気分が良くなる音楽が流れるようにするなど。
④最近起きた、いざという場面で緊張するなど、キョドってしまった場面を思い返す。
（例）会議で発言を指名されたときに、頭が真っ白くなって何も言えなくなってしまったなど。
⑤思いっきり緊張した状態をマイナス100点として、その場面を思い返しているときの心の状態を採点する。
⑥その場面を思い返しながら、今度は③で自由に装飾したパワースーツを着用する。
⑦パワースーツを着用した状態のままで、⑤と同じように心の状態を採点する。

⑧パワースーツ効果を確認したら、パワースーツを脱ぎ、いざというときにいつでも取り出せる場所に大切に保管しておく。

※パワースーツ効果が感じられない時は、①〜③を改めて丁寧にやってみる。

テクニック4 嫌な体験がフラッシュバックしてしまうという悩み

過去に体験した不快な出来事を、突然、なんの脈略もなく思い出してしまい、心の中が過去の不快な体験で一杯になることがあります。

たとえば、仕事でミスしたことを上司にこっぴどく叱られた。「次からミスしなければ大丈夫」と自分に言い聞かせ気分を切り替えようと思っても、ふと上司の怒った顔が思い浮かび、それと同時に頭の中に怒鳴り声まで聞こえてくる。そのせいで気分が落ち込み仕事に集中できない、というようなことです。

そんなとき、フラッシュバックしてくる不快なイメージ（映像や音）を消して、一瞬で気分を切り替えるテクニックを紹介します。

①気分が落ち着いた状態のとき、消し去りたい不快なイメージを意識的にフラッシュバックさせる。

②フラッシュバックさせたイメージを白黒に変化させる（イメージに音や声がついている場合は、その音や声のボリュームを小さくする）。
③白黒にしたイメージをゆっくりと遠ざけ、最終的には1ミリくらいの大きさになるまで遠ざける（その際、一緒に音や声も遠ざける）。
④その状態のまま、心のシャッターで写真を撮るかのようにイメージを「パシャ！」っとロックする。
⑤深呼吸してから、改めて①からやってみて、気分の変化を観察する。
※①から繰り返したとき、映像がカラーで大きい場合は、②〜④を丁寧にやってみる。

テクニック5 自分をみじめにする声がフラッシュバックするという悩み

「お前なんて生まなきゃよかった」「本当にお前はどうしようもないやつだな」「お前のことなんて誰も好きにならない」など、昔、誰かに言われた心ない傷ついた体験につながる声や言葉がふと頭に浮かんで離れないという経験はありませんか？

こうした頭の中に聞こえてくる声は、その後に自分イジメを始めるきっかけになりやすいため、気づいたときには速攻で対処しておくことが望ましいと言えます。

ここでは、そうした「心の声」を変化させることで、自分イジメのきっかけを潰してしまうためのテクニックを紹介します。

①気分が落ち着いた状態のとき、変化させたい「傷ついた体験につながる声」を意識的にフラッシュバックさせる。

②どん底に落ち込んだ状態をマイナス１００点として、その声を聞いているときの心の状態を採点する。

③次にその声を、可愛いキャラクターや面白いキャラクターの声に変換させて、何度か頭の中で聞いてみる。

(例) タラちゃんの声、ミッキーマウスの声など。

④変化させた声と言葉がしっかりとリンクするまで、頭の中で繰り返して聞いてみる。

⑤気分を切り替えてから、改めて③で変化させた声を聞きながら、その声を聞いている時の心の状態を採点し変化を確認する。

※②と⑤で点数が変わらない場合は、③〜④を丁寧にやってみる。

テクニック 6

引っ込み思案で損ばかりするという悩み

目の前に絶好のチャンスが来ているのはわかっているのに、せっかくのチャンスに飛びつくことができないせいで、他の人にチャンスを奪われ悔しい思いをしたことはありませんか？

第1章「1-7 みじめ中毒を強化する無意識の『禁止令』」のところでお話ししましたが、「やりたい！」「欲しい！」というあなたの素直な欲求に、「禁止令」が無意識にブレーキをかけてしまうことはよくあることです。

禁止令のブレーキを解除するには、まずは「ワーク4」（68ページ）にしっかりと取り組んでいただくことをオススメしますが、ここでは解除するだけでなく、アクセルを踏むことであなた自身をチャンスへと前進させるためのアファメーションを紹介します。

まずは、これから紹介するアファメーションの練習をしてから、実生活の場面で試してみてください。

①周りに障害物がない場所で、リラックスして立つ（目はあけておいても閉じていても構いません）。

②目の前にチャンスが来たにもかかわらず、自分がそのチャンスを手に入れることにブレーキをかけてしまった過去のエピソードを思い返す。

(例）会社が新しいプロジェクトの参加メンバーを募った際、本当は興味があったのに「どうせ自分なんか……」と自ら参加意思を表明しなかったなど。

③「どうせ自分なんか……」と自分をみじめな気持ちにさせるネガティブな自分をその場所に置いたまま、「やりたい！」「欲しい！」などといった、「チャンスをものにしたい！」という欲望の感情を強くイメージし、掛け声とともに実際に足を大きく前に一歩踏み出し前進する。

④一歩前に足を大きく踏み出す際には、ネガティブな自分から抜け出すイメージをすると同時に、チャンスをものにしたエネルギッシュな自分をイメージする。

⑤①～④を5回以上繰り返す。

※掛け声は、簡潔で力強いものがいいでしょう。

(例）「よし！」「やるぞ！」「やってやる！」「いまだ！」「いきまーす！」など。

テクニック7 自分に自信がなく人に頼ってしまってばかりいるという悩み

自分に自信がなく、他人に迎合したり依存したりしてばかりいるせいで、どんどん周りに振り回されてしまう。人から何か反応を求められると慌ててしまい、変な反応をしてしまったり、どう反応していいのかわからずにキョドってしまったりする。そんな自分に自己嫌悪を感じている人は少なくありません。

「しっかりと地に足のついた自分を持ちたい！」

もしもあなたがこう考えているのであれば、このグラウンディングテクニックを練習することで、しっかりと地に足のついた自分を作り上げることができます。

①立っていても座っていても構いません。深呼吸を繰り返しながら、自分の足の裏から見えない「根っこ」が生えていて、その根が地球の深い部分まで伸びていることをイメージする。

②その根は地球からポジティブなエネルギーを吸い上げあなたの中に取り込みながら、一方では、あなたが感じるネガティブな感情をあなたの中から吸い出し、地球の奥深い部分まで運び出していることをイメージする。

③その根は、あなたがたとえ歩いていたとしても、走っていたとしても、あなたの足が床や地面につくたびに、瞬間的に足からシュッと伸びて地球へとつながることをイメージする。

④息を吸うたびに足裏から頭の先まで地球からポジティブなエネルギーが取り込まれ、息を吐くたびに、あなたの中のネガティブな感情（怖れ・不安・恥・劣等感など）が地球へと吸い出されていくことをイメージする。

⑤地球とつながることで、心がどっしりと落ち着いていくことをイメージする。

⑥④～⑤を3～5分程度行ったら終了する。

テクニック 8

人と話をするときに、緊張して相手の目を見ることができないという悩み①

人と話すときに自意識過剰気味になってしまい、緊張してしまって相手の目を見て話すことができない。そのせいで、対人コミュニケーションそのものに苦手意識を持っている人は本当に多いです。

「人から自分はどう見られているのだろう？　どう評価されるのだろう？」と考えて身構えたり、「思い描いていた理想の自分と、現実の自分とのギャップが気になってそれどころじゃない」と考え凹んでみたり。

こんなふうに多くの場合、目の前の相手のことよりも「自分」ばかりに意識が向いてしまっているところに、実は問題があるようです。

あなたの意識を「自分」から「相手」に強制的に移さざるを得ないような工夫をすることで、自意識過剰状態から抜け出すことができます。

そのやり方はとってもカンタンです。

①誰かと話すとき、その相手の「幼稚園時代の幼い姿」をイメージする。
②その上で、相手の「まつげの本数」を数えるイメージで相手の目を見る。
③相手のまつげを20本程度数え終わったら自然に視線を下方向にそらし、また視線を戻してま

つげを数える。

たったこれだけです。

企業研修でこのテクニックをお話しし、実際に試してみたという営業マン曰く、「相手が部署のトップのお偉いさんだとしても、幼稚園時代の幼い姿をイメージしただけで、不思議と緊張感がスーッと抜けリラックスしてコミュニケーションができた」とのことでした。

また、相手から予想外の質問をされたとき、それまでなら言葉に詰まって「持ち帰って上司に相談させていただきます」と、おずおずと引き下がっていたそうですが、相手のまつげの本数を数え続けることで、緊迫した場面でも腰砕けになって引き下がるということがなくなったというお話でした。

それと注意点を一つだけ。

いくら目的が「自意識過剰を抜け出すこと」だからといって、たとえばあなたが、「相手の顔のシワの本数を数える」「相手の顔のほくろの数を数える」「相手のおでこの生え際の髪の毛の数を数える」などの場合、さすがに相手もあなたの視線がおかしいことに気づき「何をしているんだ？」となってしまいます。

もしもあなたが、相手のまつげを数えることに抵抗があるのであれば、できるだけ、相手の目から近い部分で、目的に合ったやり方を工夫してみてください。

テクニック9 人と話をするときに、緊張して相手の目を見ることができないという悩み②

対人コミュニケーションそのものに苦手意識を持っているあなたのために、もう少し技能的なテクニックを紹介します。

それは、あなたの呼吸を相手の呼吸のペースに合わせていくペーシングと呼ばれるテクニックです。

先ほどの「テクニック8」では、自意識過剰が緊張の主な原因だという話をしましたが、実は「相手の緊張感が伝染したために、あなたも緊張してしまった」という場合もあります。

これは、私たちの脳が持っているミラーニューロンと呼ばれる他者の感情を理解したり共感したりできるという微細な神経細胞のおかげです。そのために、相手の緊張が伝染してしまう「情動感染」という現象が起きていることは案外少なくないのです。

特に人の言動に動揺しやすかったり、人の感情に自分の気持ちが左右されてしまったりするなど、HSP的な特徴を持っている人の場合、人一倍強い感受性や共感力、繊細さゆえに相手の緊張感を敏感に汲み取りやすいです。

そうした人の場合、自分の内側から湧き上がる緊張感に、さらに輪をかけて相手の緊張感まで受け取るのですから、それは相当な緊張感になるのは当然です。

この場合、「相手の緊張感を受け取らない」というテクニックの練習方法については、「テクニック2 繊細すぎて周囲の言動や感情に振り回されるという悩み」で紹介しているので、そちらを参考にしていただければいいかと思いますが、今回は「相手の緊張感を和らげることで、あなたへの緊張感の伝染(情動感染)を防ぐ」というテクニックです。

それが、あなたの呼吸を相手の呼吸のペースに合わせていくペーシングと呼ばれるテクニックです。

「いやいや、そもそも緊張していて相手の顔もなかなか見ることができないのに、どうやって相手の呼吸を盗み、合わせろっていうの?」

こう思ったかもしれませんが、まあ、そんなに慌てないでください。

まずは相手をできる範囲で観察してみてください。経験上、相手の肩・胸・お腹の周りを少し意識して見てみれば、だいたい呼吸の動きは掴めると思います。

とはいえ、なかなかそんなところを見ることができないという場合は、次のちょっとしたコツを覚えておくといいでしょう。

それは「相手が話しているときにはあなたも息を吐き、相手が話し終わる瞬間にあなたも息を吸う」というものです。

このコツさえ押さえておけば、たとえばあなたが話をしていて相手に呼吸を合わせられなかったとしても、相手が話を始めた瞬間に息を吐き出すことで、一瞬で呼吸のペースを合わせることができます。

「息が合っている」「呼吸がピッタリ」という表現がありますが、相手との呼吸のペースが合うと、相手は安心し緊張感を和らげるのです。それによって、あなたへのネガティブな情動感染も減少するということですね。

テクニック10 雑談が苦手という悩み①

初対面の人と話をする場面で、何を話題にしていいかわからなくて思考停止して下を向いて黙り込んでしまった経験ってありませんか?

相手が初対面ではなかったとしても、そんなに親しくない間柄だと何を話していいかわからないし、話題があったとしても長続きしない……。

そんなふうに思っていて、雑談に対して苦手意識を持っている人って少なくありません。

私自身も、小学生の頃から雑談にはすごく苦手意識を持っていました。

でも、社会人になって色々と経験を積む中で、ある3つのことを意識するようになってから、雑談することが苦ではなくなったのです。

意識しているポイントは3つあります。

では個別に見てみましょう。

1 スタート地点とゴール

多くの場合、雑談ってなんとなく始まって、なんとなく終わってしまいます。この「なんとなく」というのが、実は雑談をすごく難しくしていると考えます。

話のプロの芸人さんたちだって、「フリ」「オチ」を前もってきちんと用意しているから、人を惹きつけ魅力的な会話として成り立たせることができるのです。

であれば、雑談にも同じように「フリ」と「オチ」をあらかじめ用意しておけばいいのです。

お笑いでいう「フリ」が、雑談のスタート地点で、「オチ」がゴールです。

スタート地点というのは、いうまでもなく「話題を振ること」です。この話題で頭を悩ませている人が多いようですが、そもそも雑談ですから実は話題は何でもいいのです。

天気についてでも交通渋滞についてでも何かのイベント情報でも、美味しいお店情報でも何でもありなので、ここは頭を悩ませるところではありません。

とりあえず何でもOKなので、まずは「そういえば……」などと話を振ってみます。

一番大切なことは、ゴールを設定しておくことです。

ゴールとは、「その人と雑談をすることで何を達成したいのか？」といった「雑談の目的」と言ってもいいでしょう。

たとえば、

- 相手のプライベートについて知りたい
- 自分のことをわかってもらいたい
- もっと親密な関係になりたい
- 何かを約束したい

などなど、自分なりの明確なゴールをセットしてから話題を振るのです。

雑談する前からゴールが明確になっているだけで、雑談に対するハードルがぐんと下がったように感じられるはずです。

2 テンポ(リズム)

私たちが話すテンポは人それぞれ違います。ゆっくりと話す人もいれば、早口の人もいます。

ですが、ここで言っているテンポとは、早い遅いという話すスピードのことではなくて、「相手が反応してくれた言葉に対する合いの手(相槌)」という意味です。

たとえば、「今日は、昨日よりもずいぶん冷え込みますね～」とあなたが言ったとき、相手が「そうですね。鼻のあたりが痛くなりますね～」と反応したとします。そうしたら、テンポよく「そうそう、ほんと痛くなって困っちゃいますよね～」などと、相手の発した言葉をそのまま利用しながら、間髪入れずに合いの手を入れるイメージです。

で、テンポよく合いの手を入れたら、すかさずあなたの設定したゴールに関する質問や話題を「そういえば……」と畳みかけていけばいいのです。

3 ステート

ステートとは、一言で言うなら「気分（フィーリング）」のことです。

相手の外見から感じるステートの1・5倍増しであなたのステートを雑談の最中、常に意識し続けながら会話するだけで、雑談はかなりうまくいきます。

たとえば、楽しい話題ならば、相手のステートよりも1・5倍増しで楽しそうに振る舞いながら会話する。悩ましい話題なのであれば、相手のステートよりも1・5倍増しで悩ましいステートを作りながら会話するという感じです。

ゴールが明確になっていれば、あとはステートを意識し続けるだけで、きっとこれまでとは違った雑談になると思います。

テクニック11 雑談が苦手という悩み②

前回、雑談の苦手意識を克服するための3つのポイントについてお話ししましたが、せっかく会話がちょっと広がりそうになってきたのに、会話の最中に「次のネタ」をどうするかばかり考えて、焦ってしまい心は上の空。そもそも、ネタを事前に準備しようとするだけでゲンナリする。そんな経験ってありませんか？

そこで今回は、新しいネタに頼ることなく、会話を途切れさせることのないちょっとしたテクニックをお話しします。

それは「オウム返し質問」です。

相手が話してきたことに「はい」「へ～」「なるほどね～」などといったシンプルな相槌だけではなく、相手が発した最後の一言、二言あたりの言葉を、親身に問いかけるように繰り返すというテクニックです。

先日、とあるクライアント企業の研修担当者の方と打ち合わせしていたときのことです。

先方の担当の人が、「管理職の方の頭が硬すぎて現場の若手が困っているんです」とおっしゃいました。そのとき、すぐに「なるほど……管理職の方の頭が硬すぎて、現場の若手が困っているのですか？」と繰り返しました。

すると、「そうなんです。自分が現場の第一線で働いていたときには、アレヤコレヤと活発に提案とかしていたのに、いざ自分が管理職になると、せっかくの部下からの提案を握りつぶしちゃうんです」とおっしゃるので、それに対してもすぐに、「せっかくの部下の提案を握りつぶしてしまう？」と繰り返します。

すると、「そうなんです。そうやって管理職が提案を握りつぶしたり、否定したりするから、部下がどんどんやる気を失うというか、無力感が蔓延するというか……。」

すかさず「なるほど、部下がやる気を失ったり、無力感が蔓延したりする？」と私。

「そうなんです。なので、若手向けに研修をやってもどうせ何も変わらないと愚痴ばっかりで研修が盛り上がらないんです。」

それに対して「研修しても愚痴ばっかりで盛り上がらない？」と言うと、「そうなんです。なので、管理職を愚痴ってもしょうがない。自分たちでなんとかするしかないみたいなモチベーション系の研修を考えているんです」と担当の方。

そこで、これまでの話を要約しながら、「現場で考えたことを提案しても握りつぶされてしまう現状を嘆いているばかりじゃなくて、これならあの頭の固い管理職でも動きたくなるんじゃないかと思えるような提案のスキルとかも含めたモチベーション系の研修を考えているってことでしょうか？」と私。

すると、先方の担当者は満面の笑顔で「そうなんです！　そういうのを考えてます！」とのこと。

という感じですが、伝わりますか？

まずは、相手の言葉を使って「疑問形」に変換した言葉を相手に投げてみる。たったこれだけでも、どんどん会話を広げることも、掘り下げることもできるのです。

相手の言葉を反復することによって、相手が本当に伝えたいことを代わりに整理してあげることもできるので、シンプルなのに会話が終わる頃には「あなたと話せてよかった」と思われる、優れもののテクニックなのです。

ちなみにこのテクニックは、クレーム対応やセールスなど、色々な場面でかなり効果を発揮します。

「次はどんなネタにすればいいんだろう?」とか、「この場面での正解ってなんだろう?」とか考えるから余計に混乱してしまうのです。まずは、相手の発した言葉をそのまま疑問形にして投げ返してみる。これだけで会話は激変します。

テクニック12 人に頼むことができないという悩み

勇気を出して相手に「これ、お願いできますか?」とお願いをしたら、ムッとされるばかりか無下に断られてしまった。あなたにはそんな経験はありませんか?

こういうことがたびたび起きると、頼むことへの恐怖が先行してしまって、「どうせ断られるなら……」と、一人で抱え込まなくてもいいことまでどんどん一人で背負いこんでしまい、いつしかにっちもさっちも行かなくなって苦しくなる……。

そんなお悩みを抱えている人に役立つテクニックを紹介します。

私たちは本能的に「苦痛を避ける」「快楽に向かう」、こうした思考と行動の特性があります。

反射的に反応しがちなのは「苦痛を避ける」です。

やると決めたことをつい先送りしてしまったり、やってもいないのに「無理」とか「できない」とか思わず考えてしまったりするのは、「行動する」「失敗が怖い」といった苦痛を避ける本能に脳が支配されている状態と言えるでしょう。

こうした特性があるということを知っておくことで、相手に何か頼み事をした際にも、反射的に「無理」「できない」と無下に断られるのを防げるようになるし、断られることで「どうしてあの人はあんなに不親切な人なんだろう?」とか「もしかして私に意地悪しているの?」みたいにネガティブな思いに囚われることも防げます。

では、どんなふうに頼み事を持ちかければ、相手から「いい返事(YES)」をもらいやすくなるのでしょうか?

具体的な場面で考えてみましょう。

たとえば、来週の金曜日に休みを取りたいとき、「申し訳ありませんが、来週の金曜日に休みをいただいてもよろしいでしょうか?」と上司にお願いしたとします。

これは上司の視点で言えば普通に「YES or NO」で答えられるシンプルな質問のようにも思えますが、実はそうではありません。

上司は、頭の中で、

- この社員に金曜日に休みを与えることで、果たして仕事は回るだろうか？
- この社員に休みを与えたら、他の社員から不満が出ないだろうか？
- この社員が休むことで、仕事に支障をきたしそうなことって何かあっただろうか？

など、一瞬で色々なことを考えさせられた上に、結論を求められるという、かなりの「苦痛」を実は与えられているのです。

ここで「人は苦痛を避ける」という原則の登場です。

考える、決断を下すという「二重の苦痛」を突然味わうことになる上司の気分は、果たしていい気分でしょうか？　それとも悪い気分でしょうか？

はい。かなり悪いことが予想されますね。すると上司はこの苦痛のストレスを与えた原因である「あなた」にストレスをぶつけてくる可能性が高いわけです。

つまり「ダメ」と言われるってことですね。

それでも運よく「いいですよ」と言われたとしても、上司の内心としてはきっとモヤモヤした気持ちが溜まっていることでしょう。

では、次のような言い方ならどうでしょうか？

「申し訳ありませんが、来週の金曜日に休んでもご迷惑にはなりませんでしょうか？」

言っている内容は、先ほどと全く同じです。でも、「主語」が違います。

ここに一瞬で気づけたあなたはコミュニケーションの上級レベルです。

では、もう一度、先ほどの例を振り返ってみましょう。

「申し訳ありませんが、来週の金曜日に（私が）休みをいただいてもよろしいでしょうか?」

こちらの主語は「私」ですね。

これを聞いた上司は、反射的に「自己都合を押し付けられた」と感じる可能性が高くなるし、さらには主語を「上司自身」に変換して改めて考え直すという、手間暇まで強いられているのです。

これでは「NO」と言われる可能性が高くなっても自業自得と言えるでしょう。

では、もう一つの例も見てみましょう。

「申し訳ありませんが、来週の金曜日に休んでも（あなたに）ご迷惑にはなりませんでしょうか?」

いかがでしょうか?　こちらは主語が「あなた」です。

つまり、上司の立場になってお願いをしているということ。

上司としては、主語を変換して考える手間隙という苦痛を感じないので、スムーズに「YES」に誘導されやすくなります。

また、上司の立場としては、ここで「迷惑だ」と言ってしまうと、上司のプライドに関わることになるので、その苦痛を避けるためには、やはり「YES」と言うのが自然に快楽と思えるわけです。

つまり、誰かに頼み事をする際に、相手からＹＥＳを引き出しやすくするポイントは「あなた」を主語にするということです。

もう一つ例をあげましょう。

たとえば、誰かをデートに誘いたいとします。

その際、「食べログですごい高評価の美味しい焼肉屋さんがあるんだけど、帰りにどう？」と伝えた場合はどうでしょうか？

これに主語を入れ直してみると「食べログですごい高評価の美味しい（と私が判断した）焼肉屋さんがあるんだけど、帰りにどう？」ということで、主語は「私」です。

こんなふうに誘われた相手は、頭の中で、

- 食べログでは高評価みたいだけど、でも私は気にいるかしら？
- そもそも高評価って、味？　雰囲気？　値段？　それとも？
- 場所はどこらへんなのかしら？　電車で行くの？　それとも？

などと、色々と考えるという苦痛を強いられます。

すると反射的に苦痛を避けたくなるので、思わず「行かない理由」の方に思考が引っ張られていき、残念な結末が予想されます。

では、こう言ったらどうでしょうか？

「食べログですごい高評価の美味しい焼肉屋さんがあるんだけど、会社から一駅だし、雰囲気がよくてSNS映えする割に値段がリーズナブルらしいんだ。なので君は気に入ってくれると思うんだけど、帰りに軽く一杯どう?」

こちらは、先ほどとは違って主語は「あなた」ですね。

かつ、相手の立場に立って先回りして疑問に答えているので、スムーズに「YES」に向かって誘導できます。

これは、相手を褒める際にも有効です。

たとえば、「仕事が早くてとても助かるよ」と相手に言うよりも、「君は(○○さんは)仕事が早いね。おかげでとても助かるよ」と伝えた方が、相手に刺さりやすい褒め言葉になります。

これ、研修の仕事をしているとよくわかります。

受講者の方から質問をいただいた際に、「あ、今のはいい質問ですね!」と伝えるだけでも相手は喜ぶのですが、「○○さんは、いい質問をしますね」と、名前をつけて伝えるだけで、その喜び方は全く変わります。

日本語って、相手の話す内容が「自分視点」なのか「相手視点」なのか、意識していないとなかなか気づけません。そのせいでコミュニケーションがうまくいかないことにも気づかずに、対人関係で余計なトラブルを抱えてしまうなんてことも少なくないのです。

頼み事をする際には、主語を「あなた(相手)」にしながら、相手に負荷をかけないように、先回りで相手のメリットを伝えてあげるコミュニケーションを意識すると、成功する確率がグンとアップします。

テクニック13 褒めるのも叱るのも苦手という悩み

今回は、相手に好印象を与えるテクニックについてです。

良かれと思って相手を褒めたのに、なぜか相手の反応がイマイチだったり、厳しく叱ったつもりはないのに、相手がひどく落ち込んでしまったりしたという経験はありませんか？

具体的なテクニックの説明に入る前に、もしもあなたが上司に頼まれていた書類を作成して提出した際に、上司からこう言われたら、反射的にどう反応したくなるかを想像してみてください。

「○○さんって本当に仕事が速いよね。いつも助かるよ。ありがとう。」

いかがでしょうか？　これ、普通に嬉しいですよね？

では、別なパターンでこう言われたらどうでしょうか？

「○○さんが速く仕事をしてくれるおかげで、私はいつも助かっているんだ。ありがとう。」

こちらはいかがでしょうか？　先ほどと言っている内容は一緒ですが、ちょっと感じ方が変わりませんでしたか？

では、何が違っていたのでしょうか？

前者は「○○さんって……」と、相手を主語にした文脈になっています。これを「YOUメッセージ」と言います。一方、後者は「○○さんのおかげで、私は……」と自分を主語にした文脈になっています。これを「I（アイ）メッセージ」と言います。相手に伝えたいメッセージがあるとき、「Iメッセージ」に変換して伝えるだけで、相手は心理的に拒絶することが難しくなるので、相手に受け取ってもらいやすくなるのです。

「YOUメッセージ」の場合、「（あなたは）これこれこういう人だよね」と、伝えられた人にとっては相手の評価判断（価値観）をストレートに押し付けられたように感じる文脈になるので、ともすると「いいえ、それは誤解です」と反発される可能性があります。

一方、「Iメッセージ」の場合、「（私は）こう思っている」と表現しているため、相手は「押しつけられた」とは感じにくく、心理的な抵抗感が薄れるのです。なので「あなたはそう思ったのですね」と素直に受け取りやすくなるというわけです。

これは、肯定的なメッセージ（褒める、同意するなど）を伝える場面だけでなく、否定的と受け取られかねないようなメッセージ（叱る、反対意見を述べるなど）を伝える場面でも効果的です。

たとえば、叱る場面で考えてみましょう。

「どうしてまた同じミスをしたんだ！　本当にやる気あるのか！」

これは「（あなたは）どうしてまた同じミスをしたんだ！（あなたは）本当にやる気あるのか！」と、主語を明確にすればわかりやすいと思いますが、「YOUメッセージ」ですね。

前述したように、YOUメッセージの場合、ストレートに伝わりすぎるため、受け手側はともすると「攻撃された！」「人格否定された！」と受け取りやすく、下手したら「今のはパワハラだ！」みたいな面倒臭いコミュニケーションになる可能性があります。また、YOUメッセージで相手に何かを伝えようとするとき、どうしても「断定調」になりやすいので、伝える側も意図せずきつく言ってしまったりします。

一方、これはどうでしょうか。「こう何度も同じミスを繰り返されると、私は君のやる気に問題があるのではないかと思ってしまうよ。」これは主語が私なので「Iメッセージ」です。

言っていることは一緒ですが、受け手のニュアンスはかなり変わると思いませんか？

こう言われると「ああ、申し訳なかったな……」って素直に思いやすくなります。Iメッセージで伝えようとすることは、自分自身を冷静にクールダウンすることにも役立ちます。

ということで、主語を「I（私）」にするように伝えることを意識するだけで、受け取る方の印象はガラッと変わります。

テクニック14 気の利いた一言で相手を喜ばせることが苦手という悩み

映画やドラマで登場人物が「君のこれこれこういうところが素敵だな〜」と、さらっと伝えるシーンに、ちょっとドキッとした経験ってありませんか？

実際、職場の仲間や友達、恋人やパートナーとの何気ない会話の中で、ちょっとした気の利いたセリフを挟み込むことができたら、コミュニケーションはもっと楽しく明るいものになるでしょう。

今回は「相手の持ち物や服装の色」を活用して、コミュニケーションに活用するテクニックをお話しします。

色にはそれぞれ特徴があって、私たちの心理や行動に大きな影響を与えています。つまり、その人が身に着けているものの色から、相手の心理状態を察知することもできるのです。

ある研究によると、家具や壁紙などがすべて青一色で統一された部屋と、赤一色で統一された部屋を準備し、その部屋で15分間自由に過ごしてもらうという実験をしたところ、赤色で統一された部屋で過ごした時間は15分よりも長く感じたそうです。また、15分間過ごしている間の心拍数と血圧を調査したところ、赤色の部屋で過ごした人の方が心拍数や血圧が高く、青色の部屋で過ごした人は逆に心拍数も血圧も下がりました。

こうした色による心理効果を狙って、体感時間をより長く感じてもらい満足感を高めるとともに、実際には短時間でお客の回転率を上げるために、ハンバーガーや牛丼などファストフード系のお店では「赤色系」の看板や内装が多いようです。

このように、色と私たちの心理状態には密接なつながりがあります。

ここでは、色が持っている一般的な印象と、カラーセラピー的な観点から色が示す心理的な傾向をベースにして、「気の利いたひとこと」を導き出すテクニックについてお話しします。

はじめに、色が持つ印象や心理的な傾向についてです。

【赤の印象】 警戒心、注意力、興奮、刺激、熱い、強い、危険、闘争、攻撃、怖い、派手、情熱、燃えるような恋愛、明るい、元気、活力、積極性、生命、欲求不満

赤が示す心理的な傾向

やる気になっているとき、自信に満ち溢れているとき、あるいはその逆に、元気がほしいときや自信を取り戻したいとき、自分をアピールしたいときなど、エネルギーが満ち溢れているか、エネルギーを補給したいときに赤を身に着けることが多いようです。

【オレンジの印象】 楽天的、陽気、活動的、暖かさ、明るさ、元気、友情、青春、希望、かわいい、楽しい、夏、発展的な調和（バランス）、協調性

オレンジが示す心理的な傾向

赤と黄色のバランスのとれたカジュアルな混合色で、陽気で暖かい高揚感を表す色です。開放的、社交的な気分のときや、逆に一時的な気分の落ち込みや寂しさ、プレッシャーなどから抜け出そうと気分転換をしたいときにオレンジを身に着けることが多いようです。

【黄の印象】 明るさ、希望、活性、集中、元気、喜び、幸福、輝き、未来、優しい、夢、友情、危険、注意、判断、記憶、自己アピール、甘え、自己中心性

黄が示す心理的な傾向

人々に希望と喜びを与え、楽しい感情を生み出す色です。また、周りから注目を浴びたいなど自己アピール性を持っている傾向があります。乳幼児は赤や黄などの原色を好むことから、「無邪気な子どもらしさ」をアピールしたいときに身に着けやすい色と言えるでしょう。

【緑の印象】 情緒の安定、安心感、癒し、平安、リラクゼーション、保守、受け身、自然、安らぎ、落ち着き、平和、生鮮、夏、若さ、成長、健康、調和、バランス、成長

緑が示す心理的な傾向

安心感を与え、落ち着きと安らぎをもたらす色です。また、スクスク伸びる草木のように、あるいは、大きくそびえ立つ大樹のように健康と成長をイメージさせる色でもあり、「ありの

ままの自分」を表現したいときに身に着けやすい色と言えます。

【青の印象】 爽快感、冷静さ、精神性、冷たさ、冷徹さ、一貫性、悲しみ、涼しい、爽やかさ、寒い、青春、信頼、広大、夏、誠実、平和、自由、集中、判断、正確さ

青が示す心理的な傾向

感情にとらわれずに落ち着いて冷静に物事を判断するクールな印象を表現したいときや、誠実さを醸し出したいときに身に着けやすい色です。人とのコミュニケーションを円滑にしたいと考えているときにも身に着ける傾向があります。

【紫の印象】 高貴さ、優雅さ、高級、アダルト、嫉妬、不安、セクシー、神秘的、和風、悪趣味、高潔、癒し、潜在性、精神世界、内的世界、内的調和、熟考、深い悲しみ

紫が示す心理的な傾向

「情熱的な赤」と「冷静さの青」という相反する二つの特徴を持つ紫は、内面の葛藤を調和したいとき、神秘的な魅力を表現したいときに好まれる傾向があります。また無意識に自分の潜在能力を発揮したいという願望の現れとも言われることがあります。

【ピンクの印象】 かわいい、優しい、幸せ、恋愛、甘い、やわらかい、穏やかさ、素直さ、

若さ、幼さ、心、甘え、春、夢、明るい、わがまま、思いやり

ピンクが示す心理的な傾向

恋愛に夢中になっているときや、心が満たされ充実しているとき、あるいは明るい未来を思い描いているときなどにピンクを好む傾向があります。また、心を満たしたい、充実したいという願望を持っているときにもピンクを好む傾向があります。

【黒の印象】 力強さ、高級感、権威、地味、控えめ、権力、威圧、力、恐怖、無難、孤独、闇、強さ、絶望、夜、静寂、シック、かっこいい、大人、慈しみ、決意、受容、忍耐、困難、抑圧、重い、服従、支配

黒が示す心理的な傾向

普段は黒っぽいものを身に着けない人が、突然、黒っぽいものを身に着けたときには、何かを決意し心がスッキリしている場合もありますが、その逆で、何かをじっと耐え忍んでいたりする傾向があります。また、黄や赤など対極にある色と組み合わせている場合は、周りの注意を引きたい何かがある場合が多いようです。

【白の印象】 純潔、純真、過去の清算、リセット、純粋、清潔、浄化、完璧さ、ルール、規則、光、神聖、清楚、無、天使、平和、自由、潔白、きれい、高潔さ、孤高、絶対、真実、無垢、

明晰さ、雪、調和、旅立ち、ピュア、スタート、真心

白が示す心理的な傾向

気分をリセットしたいとき。前向きになりたいとき。あるいは、すでにリセットしスッキリした心の状態のときに好んで身に着ける傾向があります。

それでは、各色の印象と心理的な傾向をざっくりと掴んだら、今度は相手へのアプローチです。

ポイントは2つ。1つは、相手が受け入れやすそうなことと、相手が思わず「えっ？　気がつかなかった」という意外なことを組み合わせてアプローチすること。そして2つ目は、前述した「I（アイ）メッセージ」でアプローチすることです。では具体的に見てみましょう。

たとえば、あなたが気になっている異性がいたとします。その人がある日、普段とは違う「青系」の上着を着ていたとしましょう。

青の印象を見てみると、「爽快感、冷静さ、精神性、冷たさ、冷徹さ、一貫性、悲しみ、涼しい、爽やかさ、寒い、青春、信頼、広大、夏、誠実、平和、自由、集中、判断、正確さ」などがありますが、その中から相手の普段の行動や発言などを鑑み、受け入れやすそうなものをピックアップします。ここでは「正確さ」をピックアップしたとします。

そうしたら、今度は「意外性」です。これは何を意味しているのかというと、「正確さ」と

一見アンマッチ（意外）な組み合わせの行動的、性格的な特徴を考えてみるのです。実際に、その人が持っていなかったとしても構いません。むしろ、その人自身、気がついていない方が意外性があって喜ばれます。ここでは「正確さ」の対極にある特徴として「アクティブ（行動的・積極的・大胆さ）」を考えたとします。

最後は、ここまでのプロセスを相手に「I（アイ）メッセージ」で伝えるというものです。たとえば、「君の正確で丁寧な仕事ぶりには、いつも驚かされるよ。特に私が一番感心しているのは、正確で丁寧なのに、意外と大胆なところがあるように感じるところかな」という具合です。

こうした気の利いた一言がとっさに言えるようになると、より早く相手と親密な関係性を築くことができるでしょう。

テクニック15 つい感情的に反応してしまうという悩み

相手に対して感情的になってしまい後悔した経験は、きっとあなたにもあると思います。「冷静にならなきゃ！」といくら頭ではわかっていても、感情の爆発を抑えられない。それでもなんとかして感情の爆発を抑えようとすると、今度は能面のような無表情になってしまって、余計にコミュニケーションがギクシャクしてしまう。

そんな悩みを解消するための、自分を客観的に観察し、冷静でいられるテクニックを紹介します。

これはちょっとコツが必要ですが、何回か練習してみれば案外簡単にできるようになると思います。

《練習方法》

①テレビやパソコンの画面、あるいは本など、何かに視点を釘付けにする。
②釘付けになっている自分の姿を、少し離れた横の方から眺めているもう一人の自分をイメージする。
③もう一人の自分の視点で、客観的に自分を観察する。
④横の位置から観察することに慣れてきたら、観察する位置を「斜め後ろ」「真後ろ」「前」などにずらして観察してみる。

この練習に慣れてくると、感情的になりそうなとき、一瞬、自分から抜け出して自分や相手のことを客観的に俯瞰して観察することができるようになります。すると「ああ、私は些細なことで随分イライラしているんだなあ」とか「随分、この人は怒っているようだけど、なにか嫌なことでもあったのかな?」などと、コミュニケーションの場面全体を冷静に見ることができるので、思わず感情的になって後悔するといった自分イジメにつながるような出来事を減らすことができます。

テクニック16 苦手な人とのコミュニケーションの悩み

「声が大きい」「くどい」「陰口を言う」「細かすぎる」など、その人に対していったん苦手意識を持ってしまうと、とたんにその人とのコミュニケーションはギクシャクしがちです。

顔見知り程度の人であれば、たとえギクシャクしたとしても、その場さえ乗り切ってしまえば後はなんら問題は起きないかと思いますが、毎日、顔を合わせなければいけない職場の人、近所の人となるとそうはいきませんね。

そんなとき、これから紹介する2つのテクニックを使うと、スーッと気持ちが楽になったり、苦手意識が不思議と薄れたりします。

1 面白あだ名テクニック

①その人の苦手と思う特徴を最大3つ程度ピックアップする。

②ピックアップした3つを総合的に考え、その人にふさわしい「あだ名」を考える。

※できる限り、笑えるあだ名がいいでしょう。

③次にその人を見たとき、心の中でその人のことを「あだ名」で呼んだり、その人と「あだ名」で会話したりしている自分をイメージする。

こうしたイメトレをしておくと、実際にその人とコミュニケーションしている最中も、なんかおかしくて苦手意識を忘れているでしょう。

2 さかなクンテクニック

①その人の頭に、さかなクンが被っているような魚の帽子を被せた状態をイメージしてみてください。

※さかなクンを知らないという人はネットで検索して画像をチェックしてみてください。さかなクンの帽子がその人にフィットしないなら、「猫耳帽子」や「カツラ」など、被った状態をイメージすると笑えるようなものを、その人の頭に被せてみましょう。

②次にその人を見たとき、イメージの中でその人の頭の上に被り物を被せてみる。

頭の上に被り物を被せた状態の姿をイメージしながらコミュニケーションしていると、たとえその人から口やかましく何かを言われたとしても、心の中ではクスッと笑えるので、苦手意識が払拭できると思います。

テクニック17 場の空気を読むのが苦手という悩み①

その場の空気が読めなかったせいで、後悔した経験はありませんか?

たとえば、社内の不倫カップルの前で芸能人の不倫ネタをこき下ろしてしまうとか、上司がうんざりしているにもかかわらず口角泡を飛ばしながらプレゼンを続けてしまうとか。

こうした後悔は、「相手の注意関心がどこに向いているのか?」を察知することができれば容易に防ぐことができます。

1930年代に行われた研究で、「その人のヘソの向きが、その人の興味のレベルや意思を読み解くカギになっている」という「ヘソの法則」と呼ばれる人の心理行動法則が見つかっています。

たとえば、

- 話を切り上げて帰りたいサイン➡会話の途中で出口の方にヘソを向ける
- 興味関心が薄いサイン➡背もたれにもたれてヘソが上に向いている
- 好意を持っている人を見抜くサイン➡好意を持っている相手の正面にヘソを向けて話す
- 会話に割り込んで欲しくないサイン➡話に混ざろうとしても会話をしている人が誰もヘソを向けてくれない

・緊張、警戒しているサイン➡猫背になりヘソを隠そうとする

このようにヘソの向きは、その人の心理状態を如実に表しています。こうしたサインを観察することで、「空気を読む」ことも可能ですね。

なお、あなたが相手に好印象を与えたいのなら、相手の真正面にあなたのヘソを向けた状態でコミュニケーションをとればいいということは、賢明なあなたならお気づきですね。

テクニック18 場の空気を読むのが苦手という悩み②

先ほどは、「ヘソ」について観察するだけでも、色々な情報が手に取るようにわかってくるということについてお話ししました。今度は「ヘソ」からもう少し下に下がった部分から、場の空気を読み解くヒントを得るテクニックです。

その場所は、「局部（急所）」と「つま先」です。

たとえば、

・不快感や不安を隠そうとしているサイン➡局部の前で手を組む、上着やノートで局部を隠す、膝の上で握った拳で局部を隠す

・自信がなく弱気になっているサイン➡テーブルに両腕を押しつけ前かがみになり、椅子を

後ろに引くなどして、体全体を使って局部を隠す

・不安や自信のなさを隠そうとするサイン⬇手をポケットに入れる、手で局部に近い太ももをさする

・攻撃的、怒り、支配欲求のサイン⬇局部を前に突き出し、胸を広げ自分を大きく見せようとする

・権力を誇示したい、反抗心のあらわれ、うぬぼれ屋なサイン⬇両手の親指だけズボンのベルトにかけ、他の指は外に出し局部を指し示すようなポーズをする

・精神的ストレスから解放されたいサイン⬇片方、あるいは両方の足首を椅子の脚に絡める

・話に興味がない、解放されたいサイン⬇つま先が相手ではなく出口に向いている

このように局部やつま先、足首などからも、その人の心理状態を読み解くことができます。

テクニック19 場の空気を読むのが苦手という悩み③

ここでは「上半身」の仕草やポーズから、相手の心理を読み解くテクニックについてお話しします。相手の下半身に着目することが難しいときには上半身を観察するだけでも、誰が弱気で、誰が場を支配したがっているのかなど相手の心理を読み解くことは可能です。

・緊張や自信のなさ、退屈のサイン➡両手の指や手をこすり合わせる、体のあちこちを触る、爪やささくれをいじる、貧乏ゆすり
※首や喉を触るのは「防衛」「回避」のサイン
・無関心や自信のなさを表すサイン➡肩をすくめる
・内なる自信の表れ、あるいは、相手を遠ざけたい拒絶のサイン➡片方の手を腰に当てる
・嫌悪感や怒り、反発を示すサイン➡中指を伸ばした状態で顔を触る
・侮蔑のサイン➡顔の表情が左右非対称に歪む（どちらか片方の顔だけで笑う）
・言いたいことを我慢しているサイン➡唇に指を当てている

テクニック20 嘘でもいいから自信があるように自分を見せたい

「おでこを全部見せる」「背筋を伸ばし胸を張る」「肩幅よりも少し広めに足を広げて立つ」など、昔から「こうすると堂々としているように見える」という話を聞いたことがあるでしょう。

ここでは、自分の印象を「いま、この瞬間、ちょっとでもいいから変えてみたい！」と思った時にすぐに使えるテクニックを紹介します。
・自信に満ちた印象を与えるポーズ➡（立って会話をする場合）喉、ヘソ、局部をまっすぐに

相手に向け、両手はリラックスして脇に下ろすか、後ろ手に組みながら会話する
（座って会話をする場合）テーブルの上に両肘をのせ左右の指を合わせ、手と腕全体で三角形の形を作りながら会話する（とんがり屋根のポーズ）

- 自信に満ちた信用を与えるゼスチャー➡重要な部分を伝えたいときに、自分の胸からお腹のあたりで肩幅くらいに両手を広げながら話す（手のひらは若干下向きにする）
➡重要な部分を伝えたいときに、利き手でＯＫマークを作り、その腕を自然に胸下からお腹あたりに上下にゆっくりと動かしながら話す
- 威圧的な上司に屈しないポーズ➡ヘソの向きを相手からそらし、上半身は相手に向けながらとんがり屋根のポーズで対抗する

第5章 自分イジメをやめてみじめ中毒から抜け出そう【実践編】

5-1 自己信頼感～自分を信じる力を育む

あなたは自分のことをどう思っていますか？

きっと自分のことをヒーローとかスーパーマンのようには思っていないかと思います。むしろ、罪悪感、孤独感、疎外感、否定感、後悔の念、敗者のようなみじめさなどを感じ、もう自分はどうしようもないなどと絶望感すら感じているかもしれません。

あなたの中の「自分をイジメる自分」が一人勝手に暴走して、あなたを混乱の渦へと落とし込んでいるのではないでしょうか？

実際、自分のことを否定的に考えるたびに、私たちは自分への信頼感を失っていきます。自分で意思決定することが怖くなってしまい、自分に自信を失ってしまうのです。

ですから、ここまで繰り返しお話ししている通り、まずは「自分をイジメること」をきっぱりとやめ、自分を信頼する方向に意識を向け続けることが何よりも大切です。

自分を信頼することは、あなたが自分の人生を主体的に生きていると実感する上でとても大切なことです。自分を信じることができなければ、自分の思考・感情・行動・目標などに自信は持てません。自分に自信が持てなければ、誰かに寄りかかって生きることになるので、人生を他者にコントロールされることが続きます。他者の考えが正しいのか間違っているのかを判断することにも自信が持てませんから、さんざん迷った挙句、やっぱり自分では決められずに時間ばかりがズルズル過ぎてしまう。いつしか自分で判断することも諦め、傍観者として周りの動向を伺うしかなくなってくる。そうやっている間にも、どんどんチャンスを逃してしまう。そんな自分をまたまたイジメてしまう……。

信頼とは、自分で選択し判断したことや決断したことは間違っていないと信じることです。

それは、たとえば「他者の言動を信じると判断した自分を信じること」も含まれています。

このように、自分で自分のことを信じられるようにするためには、**あなた自身があなたとの約束をきっちりと守るという実績を積み重ねることが何よりも大切**です。なぜなら、あなたがあなたとの約束を平気で破っていたら、あなたはあなたのことが信じられなくなるからです。

たとえば、週に3回はジョギングをしようとあなたは決めた。でも、たまたま仕事が忙しくて夜遅くに帰ってきたり、飲み会が続いたりして、そのたびにあなたは「明日の朝こそジョギングしよう」と自分に言い聞かせるが、翌朝になると「今朝はちょっと体がだるいから、また明日にしよう」とさらに先延ばしをする。こんなことが数回続くと、あなたの内側から、ある日こんな声が聞こえるようになる。

「どうせまた明日もジョギングなんかやるつもりないんだろ？　結局、自分で決めたことも満足にやり続けることができない最低の人間なのさ。」

自分で決めた約束を守らなければ、自分に対する信頼感はいつまでたっても育むことができません。つまり自分に自信が持てないのです。

ですが、安心してください。こうした自分イジメのサイクルから抜け出し、自分に自信を持つ方法はあります。

ただし、はじめにお断りしておきますが、それは朝起きたら自信が持てるようになっていたという魔法のようなものではありません。時間をかけて繰り返し練習するプロセスが必要になるのです。

では、一体何に時間をかけて繰り返し練習するのでしょうか？

それは**自分で自分に約束をしたら、それを確実に実行するという経験を繰り返し時間をかけ**

て積み重ねていくということです。

ゆっくり時間をかけて一段ずつ階段を登るように、結果を急がず、初歩的なことからはじめて一つずつ確実に経験を積み重ねるのです。

クライアントだった橋下さん（仮名・女性）は、「自分イジメをやめる」という約束をしました。彼女が最初にはじめたことは「無意識に言っている独り言をチェックすること」でした。無意識に自分に制限をかけたり、自分を否定したりする際に使っている「でも」「だって」「どうせ」といった否定的な独り言に、まずは徹底的に気づくということから始めたのです。

すると、橋下さん曰く、「午前中だけで１００回以上も否定的な独り言を言っている自分」がいることに気づきます。

否定的な独り言に気づくことができるようになった橋下さんが次のステップとしてはじめたことは、「否定的な独り言を自己受容する」というものでした。

思わず否定的な独り言を考えてしまったら、「そうだよね〜。だってこれまでもそう考えていたんだもんね〜。否定的に考えることが癖になっているのだから、こう考えてしまうのはしょうがないことだよね〜」と、そのつど、自分に共感し受け入れるということを徹底的に練習したのです。

もちろん、無意識の独り言ですから、気づかずにスルーしてしまうこともたくさんあるのですが、それでも「毎日、30回は自己受容する！」という自分との約束を徹底して守っていきました。そして、毎日、自分との約束を守り続けられている自分を徹底して労うということもやり続けました。

こうした、とてもシンプルな約束を徹底的に守り続けるだけで、橋下さんはみるみる自分イジメがなくなり、逆に自分で自分を信じる力を育んでいけたのです。

守れない約束を自分としないようにしましょう。必ず守れると自分に誓えることを約束しましょう。そして、約束を守ったら、必ず自分で自分のことを労い、自分への信頼感が増していることを認識しましょう。自分は期待に価する人間であり、存在意義のある人間だということを認識しましょう。

5-2 恨みの相手に赦免状を発行する

そもそも、自分のことをイジメるのも、逆に癒そうとするのも、本当はすべて自分のさじ加減一つでできることです。つまり自分次第なのです。

そんな中で、「みじめ中毒」になるくらい自分イジメが長年の癖になるには、それ相応の理由が必ずあります。

その理由の大きな一つに「許せない」といった、憎しみや恨みの感情への執着心があることは少なくありません。恨んだり、憎んだりするエネルギーは、他者ばかりではなく自分自身にも向けられます。

「あいつのせいでこうなった」「あいつだけは許せない」こんなふうに誰かを憎み、恨むことで、自分の中の抑圧した感情を発散しようとする試みは、傷ついた自分を守るためには有効ですが、それが習慣化してしまうと、いつしか「恨むために恨む」「憎むために憎む」など、発散ではなく、むしろストレスを溜める方向に向かってしまいます。

そこで、ここでは「許す」「手放す」という感情的な作業を、「赦免状」というツールを活用して行う方法を紹介します。

作業自体はいたって簡単ですが、問題は作業と心の中が一致しているかどうかです。「5-1 自己信頼感~自分を信じる力を育むには？」でも話した通り、自分との約束を破ってしまうと自分を信頼できなくなります。ぜひ、「書いたことは絶対に守る」ということを念頭に置きながら赦免状を作ってみてください。

①恨みつらみを持った相手を特定する。

②恨みつらみの具体的なエピソードを簡潔に書き出し整理する。

※書き出し整理しながら、手放してもいいと思えるものは、その場で手放すと心に決める。

③赦免状に記入する。

※赦免内容がたくさんあったとしても、一回につき最大10個までにしましょう。

赦免状

____________________さんへ

________年________月________日

本日、私______________________は、あなたに対する以下の罪を赦免することを、ここに誓います。

赦免内容

1.

2.

3.

4.

5.

6.

7.

8.

9.

10.

署名____________________________

※赦免する相手は、一回につき一人にしましょう。
④赦免状を書き上げたら、最低10日間、毎日、繰り返し何度も声に出して読み上げ、自分に誓いを立てる。
⑤赦免状を燃やす（土に埋める）。
⑥①～⑤が完了したら、次の赦免状を作成する。
⑦①～⑥について、あなたがスッキリするまで継続する。

5-3 後悔しない選択・決断をするインナートークトレーニング

自分が意思決定をした後に、クヨクヨ思い悩んだり後悔したりすることは、自分への信頼を育む上ではマイナスに働きます。

「転職するべきか、とどまるべきか？」「結婚するべきか、恋愛関係のままでいるべきか？」「質問するべきか、黙っておくべきか？」こうした自分自身の内部で行われる会話の結論を先延ばしにすればするほど、自己嫌悪感や焦燥感が増していきます。かといって、そうした苦痛から逃れようと「エイヤア！」と行き当たりばったりで決断をすると後悔を生み出す可能性が高くなるので、やっぱりあとあと自分を責めることになってしまう……。

「自分は本当の本当にどうしたいのか?」の答えが明確になった上で、選択し決断することができれば、たとえその選択と決断の結果が望んだ通りの結末を迎えなかったとしても、自分なりに最善を尽くせたという「自己納得感」があるため、自己信頼感を強化することができます。

一方、先延ばしにすればするほど、結果として自分イジメに陥ってしまうのです。

そこで、ここでは、後悔しない納得感のある選択・決断をするための「インナートーク」のトレーニング方法について解説します。

そもそも、自分で選択できない、決断できないというとき、心の中では「Aという自分の声と、それに反するBという自分の声」が互いに自己主張して譲らないという葛藤状態にあります。互いに激しく自己主張しているので、余計に頭が混乱するのです。であれば、どちらか一方に一度、徹底的に肩入れしてみることで、もう片方の声を封じてしまい、それによって「自分は本当はどうしたいのか?」を導き出してみればいいのです。

実際に、クライアントの太田さん(仮名・40代・男性)の事例で見てみましょう。

太田さんは、いわゆるブラック企業に勤めていて、転職するべきかどうかで迷っていました。

太田さん曰く「月間80時間近く残業しても、残業手当が支給されるのは月35時間までだし、3年に一度は転勤しなければならないし。子どもも大きくなってきたので、転勤命令が出された際には、これまでのように家族一緒の転勤はできないのです。かといって、単身赴任となると余計にお金もかかるし、子どもの教育上も家に父親がいないというのが心配で……。なので地元企業に転職しようかと考えているのですが、なかなか踏ん切りがつかなくて……。」

たとえ意を決して退職したとしても、本当に転職できるかどうかわからないし、たとえ転職できたとしてもこれまで通りの収入を維持することができるかどうかわからないという不安が転職にブレーキをかけているようです。

つまり、太田さんの心の中では「地元企業に転職したい」という自分と、「転職なんて無理」というもう一人の自分が、どちらも譲ることなく綱引き状態にあるため、いつまでも納得できる決断ができずに悶々としていると言えます。

こうした葛藤する自分がいるとき、一度、どちらか一方の自分にだけ肩入れしながら徹底的にメリットを洗い出してみると、葛藤状態から抜け出すきっかけを得ることができます。

では、これから、「転職したい」の方を徹底的に掘り下げて考え、それ以外の考えはいったん無視するということを実際の会話でやってみます。

私「なるほどですね。だったら思い切って地元の企業に転職しましょう！」

太田さん「そうですね。そうすれば自宅から通えるし、転勤の心配もないし、子どもの成長を間近で見ることもできますからね。」

私「そうですね！　いいことづくめですね！」

太田さん「そうすれば、単身赴任の二重生活でかかるお金も節約できるので、その浮いたお金で家族で旅行に行ったりもできます。」

私「それは家族も喜ぶでしょうね！　もう決まりですね！」

太田さん「単身赴任さえなくなれば、妻も安心してパートに出られるし、そうすれば妻の趣味のダンスにも、もっとお金を使えるでしょうし。」

私「なんだ！　何の問題もないじゃないですか！」

こんなふうに、葛藤を生み出している二つの声のどちらか一方だけに徹底して肩入れしていくのです。

ここで、いったん、太田さんに確認してみました。

太田さん「はい。不思議なことに、退職するのは危険だというもう片方の考えは全く頭に浮かんできませんでした。なので、落ち着いて考えることができたと思います。今の時点では、地元の会社に転職することで心が固まりました。でも、実際に退職した後、本当に転職できるかどうかは全く別の問題だと思うのですが。」

私「はい。おっしゃる通りです。ここまでの会話は、まだ決断のプロセスです。今度は、先ほどまで封印していた、もう一方の『退職のデメリットの声』で同じようにやってみましょう。では、まずは退職することを止めている声をおっしゃってみてください。」

太田さん「40も過ぎたし、ましてや今と同程度の収入を確保できる転職先なんて、そう簡単には見つかりっこない。」

私「そうですね。実際問題、探し出すのは至難の技でしょうね。」

太田さん「万が一、見つけられたとしても、そこもブラック企業かもしれないし……。」

私「よくある話ですね。」

太田さん「住宅ローンもあるから、退職と同時に新しい仕事に就かなければならないし。ということは、今の職場で仕事をしながら転職活動をこっそりやる必要があるけど、物理的にも時間的にもそれは難しいし……。」

私「そうですよね。万が一、会社の誰かに仕事中に転職活動しているのがみつかったら、それこそ大変なことになりますね。」

太田さん「実は3か月前にネットの転職斡旋会社に登録はしたものの、地元には条件のいい会社がなくて。結局、転職したとしても単身赴任するか、それとも片道2時間近くかけて通勤するか、みたいな生活になりそうだし……。」

私「なるほど。それじゃあ余計に大変な生活になりそうですね。」

太田さん「よくよく考えてみたら、今の会社では単身赴任手当も一部とはいえ支給されるし、サービス残業が多いとはいえ35時間分は支給されているし。その点については、サービス残業を減らす工夫をもっとしていけば改善もできそうです。それに、節約さえすれば、単身赴任生活になったとしても、なんとか現状を維持できるかなと。帰省旅費も月に一回分だけは支給されるので、家族と全く会えなくなるわけでもないし。事前に単身赴任生活でどれくらいお金がかかるかとか、単身赴任したらどんなふうに家族の絆を深めるかとか考えておけばいいだろうし……。」

私「なるほど。では、ここまで話してみて何か気づいたことはありますか？」

太田さん「はい。先ほどと同じように、もう片方の声が聞こえないので、落ち着いて考えることができました。そして、両方の声を落ち着いて考えることで、自分なりに今の時点での最善の答えを出すことができました。」

私「よかったですね。では太田さん。今回の転職の問題についてはどうするおつもりですか？」

太田さん「はい。このまま今の会社に残ろうと思います。」

私「なるほどですね。ではここで、来年の3月に遠くの街に人事異動が発令されて単身赴任をする自分を想像してください。そのとき、後悔していそうですか？　それとも？」

太田さん「そうですね。確かに妻も子どもも寂しがると思います。もちろん、私自身もそうです。でも、あらかじめ『単身赴任になったらどうするか？』について、十分に家族で話し合って、心の準備や経済的な準備さえしておけば、ある程度は落ち着いて単身赴任生活に入れるんじゃないかなって思います。むしろ、慌てて転職して、万が一失敗したら、それこそ家庭崩壊の危機を迎えていたかもしれません。」

私「もしも単身赴任後に何か後悔することがあるとしたら、何に後悔しそうですか?」

太田さん「そうですね……。子どもとの時間をもっと作っておけばよかったということと、妻との時間ももっと作っておけばよかったということくらいでしょうか。」

私「であれば、その後悔を解消するために、これからやっておいた方がいいことは何でしょう?」

太田さん「そうですね……。サービス残業を減らして、なるべく早く家に帰って、平日も家族揃ってご飯を食べる時間をもっと増やそうと思います。そのためにも、もっと時間の使い方を工夫する必要があると思います。他にも、付き合いの飲み会や接待ゴルフを、上司に相談して減らそうと思います。そうすれば、休日に家族サービスに使えるお金も時間も確保できると思います。」

いかがでしたでしょうか?

では、先ほどの会話を踏まえてインナートークの練習手順を振り返ってみましょう。

①判断に迷っている二つの相反するテーマを特定する。

(例) 転職したい、転職は無理。

②二つの相反するテーマの中から、どちらか一方を選ぶ。

③選んだ側のメリットを洗いざらい書き出す(声に出す)。

※この作業中は反対意見は封印し、徹底的に賛同しながらメリットを書き出しましょう。

④すべて書きったら、改めて「私は本当はどうしたいのだろう？」と自分自身に問いかける。

⑤その答えを書き留めるとともに、体の違和感などもチェックする。

※この時点で、あなた自身が納得感が十分あると感じられたのであれば、ここで終了する。

⑥今度は、もう一方のテーマで③〜⑤をやってみる。

※納得感が得られない場合は、決定するための情報が圧倒的に不足している可能性があります。その際には、改めて「具体的で客観的な事実情報」をできる限り入手してから、改めて①から始めてみましょう。

⑦納得感を得られたら、自分を労った上で、「たとえ何があったとしても、この選択をしたことを私は後悔しない」と声に出して宣言する。

今回は二者択一で葛藤することをテーマにしましたが、三者択一でも四者択一でも基本的なやり方は変わりませんので、あなたの実情に応じて工夫してみるとよいかと思います。

5-4 「自罰」を生み出す理想のハードルを下げる

マンツーマンで心の悩みに向き合っていると、「メンタルトレーニングをしていても、どうしても自分をイジメてしまうことがやめられません」という悲痛な叫びを聞くことがあります。

実際、「みじめ中毒」に陥っていると、徹底的に自分をイジメ抜くことが当然になってしまっているので、「自分を責めるのはやめる！」という目標を設定しても、その目標にちょっとでも到達できないと、すぐに「やっぱりダメだ」と自分を責め罰を与えてしまうのです。すると、「自分を責めるのはやめる」という目標を達成できない自分のことをさらに責めるという悪循環にはまっていくのです。

たとえば、「仕事でミスをしない」という目標。確かにミスはしないに越したことはありません。ですが、現実的に考えれば、ロボットではない人間が関わる以上、「100％ミスをゼロにする」ということは、かなり現実的ではありません。

にもかかわらず、たまたまなんらかの理由でちょっとしたミスをしただけでも「どうして自分はこんなにもグズでノロマで無能なんだ！」と自分をことさら責めてしまう。そして、そうやって自分を責めている自分のことを、さらに「どうしてそうやって自分のことを責めるんだ！」とまた責めてしまう……。

ただ、知っておくといいのは**「自罰とは、無価値感やみじめさといった、低いセルフイメージからくる心の痛みを消すもっとも安易な現実逃避の方法」**だということです。

では、なぜセルフイメージが低くなっているのでしょうか？

それは高すぎる基準（理想）を自分に課しているからです。高すぎる理想と現実の自分を比較したとき、あまりのギャップの大きさに「どうせ自分なんか……」とセルフイメージが下がってしまうのです。

では、どうして高すぎる基準を自分に課すのでしょうか？

それには、大きく6つの典型的な理由があるようです。

1 幼い頃から高すぎる基準をクリアすることを期待され続けたせいで、大人になっても高すぎる基準を達成しなければならないと信じているから（ありのままの自分を受容してもらえなかったという傷ついた体験から、実際の自分のままでは他者に受け入れてもらえないという恐怖が染み付いている）。

2 高すぎる基準を設定した影響でセルフイメージをいったん引き下げておいて、その下がった状態から這い上がってくるプロセスに「快」を感じることが習慣化したから（より大きな快楽を得るために、一度、徹底的に不快を感じるというネガティブサイクルに陥っている）。

3 ありのままの自分をないがしろにしてきたから（自分が本当に求めていることよりも、周りの期待に応えることが最重要責務だと考え行動してきた結果、自分で自分にどれくらいの基準を設定していいのかがわからない）。

4 低い基準で満足している周りの人たちを見下すことで、抑圧した恨みつらみを発散したいから。

5 高い基準を実現しようと努力している自分のことを周りに賞賛してほしいから。

6 高い基準であれば、失敗したときでも「基準が高すぎるせい」にして自分を守ることができるから。

こうした理由から、ありのままの現実の自分からはかけ離れた高い基準を設けては、その高い基準を達成しようと頑張ってしまう。そうしているうちに、いつしか「高い基準の自分」の方が、現実の自分よりも現実味があると感じるようになる。

だから、ありのままの自分に適応するような基準に自ら目標を下げて設定することができないのです。

このように、「自分はもっとこうあるべき」という非現実的な理想の基準を設定してしまっているせいで、ありのままの現実の自分とのギャップを責めてしまうのです。

だとするなら、自分イジメを止める方法としては次の2つの方向性が考えられます。一つは、理想を現実に合わせる（基準を引き下げる）。もう一つは、現実を理想に近づけるです。

ただ、こういう話をすると、「現実を理想に近づけるのはわかりますが、理想を現実に下げてしまうと堕落した人間になりそうで、むしろそっちの方が怖く感じるのですが……」ということを言われます。

ですが、これは全くの誤解です。現実を見ずに理想の高い基準を最初からセットするということは、100メートル走のスタート地点をあえて自分だけ50メートル後ろにセットしておきながら、他の人が100メートル走るのと同等以上のタイムを出そうとしているようなものなのです。

つまり、いったん、現実に理想の基準をセットすることは、正しいスタート地点に立つということなのです。

とは言っても、理想の基準を引き下げることにはかなりの抵抗感を感じるかと思います。

そこで、基準を現実に合わせる前にいったん考えておくといいのは「最悪のシナリオ」です。

5-5

「最悪のシナリオ」で不安を予定調和にする

理想から現実に即した目標に基準を下げたときに、どんな不快なことが起きそうなのかをあらかじめ予測し、その不快なことに事前に対処することで、基準を下げることへの抵抗をなくすということがここでの目的です。

たとえば、あなたが「常に完璧にミスなく仕事をしないと、お客さまに何か失礼なことをしてしまってクレームが入るかもしれない……」という不安を抱えていたとき、「やることをきっちりやりさえすれば、万が一クレームがきたとしても、それは仕方がない」と理想の基準を下げたとします。

そうしたなら、一度、怖れていたクレームが来たときのシナリオを考えてみるのです。

➡もし、実際にクレームが入ったとしたらどうなるんだろう？
答え：まずは真っ先に電話口に飛んでいって誠心誠意謝罪するだろう。
➡もし、電話口に飛んでいって誠心誠意謝罪したらどうなるんだろう？
答え：お客さまも、きっと許してくれるだろう。
➡もし、お客さまが許してくれなかったらどうなるんだろう？
答え：上司に経緯を説明して対応を変わってもらうようにお願いするだろう。
➡もし、上司に経緯を説明して対応を変わってもらうようにお願いしたらどうなるだろう？
答え：上司は普通に対応したのちに、改めて原因と今後の改善策の説明を求めてくるだろう。
➡もし、上司が普通に対応したのちに、改めて原因と今後の改善策を求めてきたらどうなるだろう？
答え：上司が対応している間に原因と対応策を簡潔にまとめておいて、すぐに報告できるようにしておくだろう。
➡もし、上司が対応している間に原因と対応策を簡潔にまとめて、すぐに報告したらどうなるだろう？
答え：う〜ん、これで終了かな。なんだ、心配していたけどこんなものか〜。

最悪のシナリオを考える際のポイントは3つあります。

一つ目は、できる限り最悪のシナリオでシミュレーションしてみることです。「これはありえないだろう」と最初から除外するのではなく、「もし起きたとしたら?」と、あえて最悪の状況でシナリオを考えてみるのです。

二つ目のポイントは、最悪のシナリオが起きた際の、現実的な対処方法も同時に考えておくことです。対処方法については、あくまでも「実際にやれること」をベースに考えましょう。

そして、最後の三つ目は、これ以上は考えられないというところまで、順を追って徹底的に予測することです。

こうして事前に最悪のシナリオを考え、心の準備をしておくことで、安心感を持つことができます。

私たちは、あれやこれやと心配したり不安になったりしたとき、思わず最悪の状況を避けようと回避思考、回避行動をとります。

「うまく話せなかったらどうしよう」「接客中に汗がどっと吹き出してきたらどうしよう」「嫌われてしまったらどうしよう」こうしたことを考えれば考えるほど、心はひどく動揺し、体は緊張状態になり、「逃げよう!」「もう無理だ!」となってしまいます。

ですが、そうやって回避した後にやってくるのは、自分を責める「後悔の念」なのです。

ですから、**「もし、最悪の状況になったとしても、どうせ○○になるだけだし、△△すればいいだけだ」と安心できるように、前もって最悪のシナリオを思い描き、それらの対処法を考**

えておくのです。それによって、理想の基準を引き下げてしまったら見下される、嫌われる、バカにされるといった怖れや不安を払拭するということです。

5-6 「自分イジメ」緊急対処法

ここまでお読みいただいたあなたは、すでにありたい自分に向かって自分をコントロールする方法をかなり理解したはずです。そして、実生活の中で、いくつか実践を始めることで、変化を実感していることでしょう。

ですが、忘れた頃に突然、自分イジメの波は襲ってきます。そんなとき、あなた自身、どうしてこうなるのかわからずに、悪意に満ちた自己否定の波にのまれて茫然自失となってみじめな気持ちを感じてしまうかもしれません。

そうならないためにも、万が一の緊急対策方法をいくつか用意しておくことが大切です。

きっとあなたは、自分イジメを始める際に、イライラしたり、恥ずかしくなったり、寂しくなったり、憎らしくなったり、悔やんだりといった感情が湧き上がってくることは自分で気づいているはずです。

だとするなら、あなたが**「そろそろくるぞ!」といった心の準備さえしておけば、自己否定**

や自罰の波に飲み込まれてしまうのを防ぐことができるはずです。

ここでお話ししている「心の準備」とは、自分イジメの思考パターンや行動パターンを踏まえて、そのパターンを壊してしまうということです。

すでにあなたは、「2-4 無意識の『みじめ中毒』パターンを知ろう」のところで、自分の中にある「いつもの自分イジメのパターン」に気づいているはずです。

ここでは、いつものパターンに陥る予兆を感じたときに、アレコレ考えずに反射的にすぐにやってみるといい緊急対策用のアイディアを10個お伝えします。そのときの状況に合わせて、どれかをすぐにやってみると、自分イジメのループに陥らずに済みます。

1 その場で深呼吸を30秒間繰り返す

多くの場合、最初のかすかな予兆は呼吸の浅さ（あるいは停止）に現れます。呼吸が浅く早くなるなどするせいで、余計に不快感が増し、そのまま自分イジメの孤独な世界に落ちていくのです。

ですから、「あ！　この感じ……くるかも？」と感じた瞬間に、とにかく顔を少し上にあげて深く深呼吸を繰り返してみましょう。

2 先送りの約束をする

これは、「あ！　この感じ……くるかも？」と思ったなら、「はいはい、またいつもの自分イジメがくるんでしょ？　わかってるから。でも、今は別なことに集中したいから、1時間後にお願いできるかな？　1時間後だったらちゃんと自分イジメに付き合うから」と、自己対話することで、まずはその場をしのぐというテクニックです。

先送りした後には、約束通り1時間後に、5分なら5分と時間を決めて自分イジメに付き合ってあげましょう。

ただ、面白いことに、先送りするだけでも自分イジメの圧力はかなり軽くなります。短時間の先送りがうまくできるようになったら、半日先延ばし、一日先延ばし、三日先延ばし、一週間まとめて先延ばしと、徐々に先延ばしの期間を延ばしていく練習をするといいでしょう。

3 その場から移動する

「きた！」と感じたなら、可能な限りその場所から移動します。できれば屋外の新鮮な空気が吸えるような場所がいいと思いますが、それが無理ならトイレに行くのでも構いません。実際に体を動かして、その場から移動することだけ考えましょう。移動する際にスキップをするのも、意外に気分転換に役立ちます。

4「やめろ!」と命令する

自分イジメの兆候を感じとったなら、「その考えはもういい加減やめろ!」と自分に命令します。もしも声に出せるなら、実際に声に出してやってみましょう。ポイントは、力強く強制力を持って命令することです。実際、何度かやってみると、自然と止まることはよくあることです。

5 鏡の中の自分と会話する

これは、手鏡や洗面台の鏡などを使って、鏡の中に映った自分をいたわり、共感し、励ますテクニックです。

たとえば、仕事でミスして自分イジメをしそうになったり、思わず自分イジメをはじめたりしてしまったときには、深呼吸を何回かしてから鏡の中の自分に向かって、「確かに、ミスして叱られたら落ち込むよね。泣きたいよね。恥ずかしいよね。それはわかるよ。次からはしっかりと気をつけようね。あなたはミスしようとしてしたわけじゃないし、あなたは精一杯、頑張っている。私は絶対にあなたのことを見捨てたりしないから安心してね。大丈夫。安心していいんだよ。いつも一緒にいるからね」など、自己受容しながら自分で自分を優しくいたわっていくのです。

6 メモ魔になる

あなたが書き物をするのが苦じゃないなら、頭の中に浮かんでくる自分イジメの内容を、ただひたすら何の評価も批判もすることなく、まずはどんどん紙に書き出してみるのはオススメです。

後で読み返し整理しながら認知の修正に役立てたりすることにも使えますが、ここでは、ただ頭の中のモヤモヤを書き出してスッキリすることが目的です。

7 誰かに愚痴をこぼす

もしもあなたに、あなたの愚痴を黙って共感してくれながら聞いてくれる友達や家族がいるなら、対面でも電話でもオンラインでも手段はなんでもいいので、まずは愚痴を聞いてもらうのが一番オススメする方法です。

その際には、可能な限り「10分以内にする」など時間を決めて、一気に感情を吐き出しましょう。

時間制限なくだらだら愚痴を言ってしまうと、いくら愚痴っていても一向に頭の中が整理されないし、聞く側も苦痛を感じます。時間制限があると、一生懸命、相手に理解してもらえるように話そうとするので、自然と出来事や感情の整理整頓がされていきます。

8 合言葉を決めておく

自分イジメの兆候が始まったときに、「開始の合図」「イジメではなく受容の合図」をあらかじめ決めておくことはとても役立ちます。

その言葉を言うことで、あなたは客観的に現状把握することができ、これまでのように内的世界の自分イジメに没入することを防げるのです。

たとえば、あるクライアントさんは自分イジメの兆候を感じた際には「そろそろ始まるよ〜」と明るい節をつけて自分に言い聞かせています。この合図だけでかなり冷静になれるとのことですが、それでもグズグズと自分イジメをはじめてしまったときには、そんな自分に落胆したり、さらなる自分イジメをしたりするのではなく、「またやっちゃった。えへっ」と心の中で舌を出すイメージをするそうです。

こうすることで、自分イジメをしてしまった自分をさらにイジメるといったネガティブループから抜け出しています。

9 抱きしめてもらう・頭をなでてもらう

愛する人、親友、子どもなど、あなたが信頼できる人にお願いして、とにかく抱きしめてもらうか、頭をなでなでしてもらいましょう。その際には、「大丈夫。もう大丈夫」と優しく安心できる声がけもしてもらうといいでしょう。
また、もしもそばにそういう人がいない場合は、自分で自分のことを両腕でぎゅーっと抱きしめながら、「大丈夫。もう大丈夫」と自分に言い聞かせたり、自分で自分の頭をなでたりしながら言い聞かせてみましょう。

⑩早口言葉をいくつか繰り返す

最初にお話しした通り、自分イジメで頭が一杯になりそうなとき、頭を使ったり、努力が必要な緊急脱出方法を試みたりすると、長続きしないばかりか、そもそも緊急脱出という目的を達成できない場合があります。

ですから、反射的にできて、努力や工夫する必要がなくて、考えたり頭を使ったりする必要もなくて、周りにもバレないようなやり方をする必要があります。

そこで、私が「ムカッ！」ときたときによくやっている方法が、早口言葉の復唱です。それも、ちょっと訛った感じで面白おかしくやるというのが私のお気に入りです。

たとえば、私が気に入っているのが「武具馬具武具馬具三武具馬具合わせて武具馬具、六武具馬具（ブグバグブグバグミブグバグ合わせてブグバグ、ムブグバグ）」というもの。いまだに早口では言えませんが、これをあえて福島訛りでやってみたりします。すると、不思議と「クスッ」と笑えるので気分転換できます。

第6章

自己肯定感を高めるテクニック【実践編】

「こんなみじめな自分のことは嫌いです」という人からの相談をよく受けます。この本を読んでいるあなたも、そんなところがあるのかもしれません。

自分イジメをしているから自分が好きになれないのか、それとも、自分が好きになれないから自分イジメをしてしまうのか……。これは、「卵が先か鶏が先か」と同じで答えがありませんが、「第2章　何があなたを『みじめ中毒』にしているのか？」でもお話ししたように、身近で大切な存在である「親」から否定されたり拒絶されたりする環境で育つと、自分のことを肯定的に受け止めることが苦手になってしまうようです。そういった環境に慣れ親しんだまま大人になって、あるとき親元を離れ、あなたのことを否定したり拒絶したりする親がそばにいなくなったとしても、今度は「親の代わりに自分で自分を否定し拒絶しなければ、自分のような人間はすぐに堕落してしまう」という幻想に囚われ、自分で自分をイジメるようになるのです。たとえ友達や上司が「すごいな！」と褒めてくれたとしても、反射的に「いったい、この人は私の何を見てそんなことを言っているのだろう？ どうせ見せかけの私を見て、同情や温情で言ってくれているだけで、本当の私のことを知らないだけなんだ。本当の私には何の価値もないし、私はこの世界に存在している意味がないんだ！」などと思い、友達や上司の言葉を素直に受け入れることができなかったりするのです。

自分を肯定的に受け入れることの大切さを説いた本はたくさんあります。私自身、普段からメルマガやYouTubeでそうしたことを繰り返し伝えています。ですが、頭では「ありのままの自分を肯定した方がいい」とは嫌というほどわかっていたとしても、実際に自分を肯定的に受け止めることは口で言うほど簡単ではありません。

特に、「みじめ中毒」に慣れ親しんできた期間が長ければ長いほど、これまでとは真逆のことに頭も心も身体も慣れさせることがどれほど困難なことかは、マンツーマンでセッションをしていてよくわかっているつもりです。

ですから、私はあなたに「自分のことを肯定的に受け止める練習を続ければいいのです」などと、安易に言いません。むしろ自分のことが嫌いで、自分のことをこの世から消してしまいたい自分がいても全然構わないし、そんな自分こそちゃんと大切にしてあげましょうと強く言いたいのです。

だからといって、「みじめ中毒」のままでいいと言っているのではありません。

「ありたい自分」に向けて前進するために、「自分のことを嫌いな自分に手助けしてもらいましょう」と言いたいのです。実は、**自分を嫌いな自分に手助けしてもらうことで、自己肯定感を劇的にアップすることができる**のです。

「えっ？　吉田さん。言っている意味が全然わかりませんが？」

あなたはきっとこんなふうに思ったのではないでしょうか？

安心してください。これまでお話ししたことを踏まえて、これからさらに具体的に「自分のことを嫌いな自分に手助けしてもらうことで、ありたい自分に自分を変化させる方法」についてお話しします。

6-1 自分のことをどうしても好きになれない自分とまずは対話してみよう（インナーチャイルドワーク）

もし、あなたが今、

- なんとなく生きづらさを感じている

- 人間関係が疲れるから一人が楽だけど、一人でいるとふと無性に孤独を感じる
- 漠然とした不安や心配から抜け出せない
- 意味不明のモヤモヤした気持ち・イライラした気持ちがある
- どうせ自分は変われないとか、どうせ誰にもわかってもらえないと考えてしまって、なかなか気持ちが前向きになれない
- 周りの人に何かと強い不満、失望感、侮蔑感を感じる

などに当てはまるのなら、もしかしたらそれはあなたの中のインナーチャイルドが、あなたに訴えかけているサインかもしれません。

インナーチャイルドとは名前の通り、自分の中にいる純粋無垢な子どもの自分（真の自己・ありのままの自分）のことを意味する、スピリチュアルの世界ではよく使われる概念です。

たとえば、虐待やいじめなど、心に傷が残るような何らかのトラウマ的体験をしたときに、私たちの中にある純粋無垢な自分、つまりインナーチャイルドが傷つかないように、防衛的、あるいは攻撃的な自分（この自分のことを「パート」と言います）を生み出し、そのパートにインナーチャイルドが傷つかないように守らせようとすることがあります。

この時、**生み出されたいくつかのパートは大人になって当時とは全く環境が変わったとしても、あなたの中のインナーチャイルドが傷つかないように、良かれと思ってあなたにずっと影響を与え続けること**があります。

たとえば、

- 挑戦して失敗し傷つく体験をしないように、不安感や罪悪感、無力感、劣等感などを感じさせ挑戦を阻む
- 失敗した際には、必要以上に羞恥心や劣等感をあなたに感じさせることで、同じような失敗を二度としないようにあなたのやる気や行動力を削ぎ落とす
- 親密になるからこそ感じる心の痛みからあなたを守ろうとして、誰かと親密になりそうになると、いつも何かトラブルを引き起こし、あえて孤独になるように無意識に仕向ける

……などというような悩ましいことが、パートの数だけ起きるのです。

というのも、インナーチャイルドを守るためのバリアーとして用意した色々なパートというフィルターを通して私たちはこの世界を見て、感じて、体験しているからです。

大橋さん（仮名・40代・女性・介護職）は、幼い頃から親に刷り込まれた「ちゃんとしなければいけない」「人の役に立たなければ価値がない」「人に認められなければ無能扱いされる」などといった禁止令や拮抗禁止令（詳しくは、2-2 愛着に問題が生じやすい親の行動とは？）によって人生に生きづらさを感じていました。

大橋さんは「いつも人一倍ちゃんとすること」「人から感謝されること」といったパートの働きによってインナーチャイルドが傷つかないように防御していたのです。本来、こうしたパートは大橋さんの役に立つためのものなのですが、いつしかパートが過剰に自己防衛機能を働

かせてしまい、「ちょっとでも手を抜こうとする自分をイジメる」「ちょっとでも失敗したりミスをしたりした自分を徹底的に攻撃する」というパートを生み出しました。

大橋さんは、そのパートによって、仕事をしている最中、常に緊張状態（防衛のための臨戦態勢）にいるせいで失敗を怖れビクビクするようになり、いつしか職場の人間関係も悪化していたのです。

大橋さんのように、**本来はインナーチャイルドが傷つかないように守ろうとして身につけたパートのいくつかは、守ろうとするあまりに、かえって「自分を責める」「攻撃する」といった働きをする**ことがあります。そのせいでありのままの自分の可能性を制限したり、出来事をパートのフィルターを通して体験したりしているせいで現実を歪めて問題を生み出すのです。

パートが生み出すこうした問題を解消するには、インナーチャイルドに「もう大丈夫だよ」「安心していいんだよ」と伝えて癒しつつ、生み出した当時は必要だったかもしれないけれど、いまはもう必要ではなくなったパートを手放してもらうといったアプローチが有効です。

※詳しくは、ウィットフィールド著『内なる子どもを癒す――アダルトチルドレンの発見と回復』（誠信書房）が参考になります。

ここでは、あなたのインナーチャイルドを癒すセラピーワークのやり方を紹介します。

その前に一つだけ注意してほしいことがあります。それはこのワークは、くれぐれも心が穏やかなときにやっていただきたいということです。

というのも、心がざわついているときに一人でやってもイマイチ効果を感じないばかりか、むしろインナーチャイルドが奥に引っ込んでしまって逆効果になる可能性があるからです。

ですから、落ち着いた場所で、携帯電話などの電源を切って一人きりのリラックスできる時間にやってみましょう。

それでは、ワークの具体的な手順をお話しします。

①心に残っているネガティブなエピソードを思い返す。

※できる限り最初の体験を思い返します。

（例）仕事でミスして上司に叱られ、「私はどうしてこんなにも無能なんだ」と自分を責めてしまっているというエピソードを思い返したのであれば、これまでの人生をずっと遡りながら「私はどうしてこんなにも無能なんだ」と最初に感じたエピソードを思い返しましょう。

②本当はそのとき、どうしたかったのか？　どうしてほしかったのか？　それが叶わなくてどう感じたのかなど、当時の気持ちを感じながら、それを言語化する（事前にある程度ノートに書き出し整理しておくといいでしょう）。

③深呼吸していったん気持ちを切り替える。

④気持ちを切り替えたなら、改めてその当時の自分自身を目の前にイメージし、どんなふうに見えるか言語化する（目の前に、空の椅子を用意し、その椅子に当時の自分が座っている姿

をイメージするといいでしょう)。

⑤②で整理した言葉をイメージの幼い自分に投げかけ共感しながら、慰め、安心させ、勇気づけする言葉を繰り返しシャワーのように浴びせる（このとき、イメージした幼い自分があなたに何かを言ってきたら、それに対しても優しく共感し、慰め、必要に応じて謝り、感謝し、勇気づけをする)。

(例)「あのときは、本当に辛かったね。苦しかったね。嫌だったね。恥ずかしかったね。一人じゃどうしようもなかったもんね。よく我慢できたね。すごいよ。偉いよ。これまで一人で頑張って我慢してきたんだね。そんなあなたのことを、これまで一人にしたままでごめんね。許してね。そして、これまで私が堕落しないように支えてくれて本当にありがとうね。これからは一緒にいるからね。だからもう安心してね。」

⑥④でイメージした当時の自分が穏やかな印象に変化したなら、そのイメージを両腕で優しく抱きしめ、自分の中に統合していく。

⑦両腕で抱きしめながら、統合した当時の自分が全身の毛細血管の先々まで広がっていくことをイメージする。

⑧身体全部に染み渡ったことを十分に感じたら、深呼吸して気分を切り替え終了する。

やり方は以上です。

このワークは自分とかなり深いレベルでコミュニケーションし癒すテクニックで、一回やったら終わりというものではありません。時間をかけてあなたの中のパートの数だけこのワークをやってみてください。

6-2 嫌いな自分が持っている7つの悪習慣に気をつけよう

ぶっちゃけ、自分に自信さえ持てれば、いま抱えている悩みの99パーセントは解消してしまうとあなたは考えているのではないでしょうか？

自分に自信が持てないせいで、

- いつも他の人の顔色を伺っては、ビクビクオドオドしてしまう
- 言いたいことをいつも我慢しては、素直な自分を抑えつけてしまう
- 他人の言葉に、過剰なまでに振り回されてしまう
- 自分の人生を誰かにコントロールされているように感じる
- なんのために生まれてきたのか、生きているのかがわからなくなってしまう

……などなど、確かに自信が持てないだけで、たった一度きりの人生が、苦痛と虚無と絶望に満ちたものになってしまいます。

でも、いつからこんなに自分に自信が持てない状態になっていたのでしょうか？

これまで多くの方の心の深い部分を見てきて感じることは、自分に自信を持てない一番の原因は、やはり幼い頃に受けた身近な大人（親・先生）たちからの影響で、「幼い頃、自分が素直に表現した言動に対して、周りの身近な大人がどう反応したのか？」が、自信の有無に極めて大きな影響を与えているのです。

たとえば、身近な大人たちが、あなたの素直な言動に対して、一貫して肯定的な反応（受容、共感、承認）をしてくれていれば、自然と自分を肯定的に受け止め、自分に自信を持つことができるようになります。

一方、否定的・拒絶的な反応（拒絶、批判、禁止）が多ければ、自分に対して何かと否定的に受け止めるようになり、その結果、自分に自信を失ってしまうのです。

具体的に言うと、「それくらいで泣くな！」「それ以上、わがままを言うな！」と言われれば、「ありのままの自分の気持ちを素直に表現すると怒られる」と脳にインプットされ、自信を失います。「いいから黙って言う通りにしなさい！」と言われれば、「ありのままの自分の考え方や行動は間違っている」と脳にインプットされ自信を失います。「どうしてそんなこともできないの！」と言われれば、「ありのままの自分には能力がない」と脳にインプットされ自信を失います。「いま忙しいんだから我慢しなさい！」と言われれば、「お願いすると嫌われる」とか「自分を押し殺しても我慢することが正しい」と脳にインプットされ自信を失うのです。

こうした周りからのネガティブな反応を学習すると、今度は自分一人のときでも頭の中の自分に対して否定的な反応を繰り返し習慣化していきます。こうした無意識の悪習慣を変えていかないと、なかなか自分に自信を持つことができないのです。

では、どんな悪習慣を変えるといいのでしょうか？

ここでは、典型的な**「自信を失う7つの悪習慣」を逆手にとって自己肯定感を高める方法**をお話しします。

自信を失う悪習慣と対処法❶

できない理由、やらない理由ばかりを考える癖を活用する

「予算が足りないからできない」「この人員ではやれない」など、一見するともっともらしい理由をこじつけては行動を制限する。すると行動によってしか得られない経験を積み重ねることができなくなるので、余計に自信がなくなってしまう。

本当は失敗が怖いとか、恥ずかしいとか、バカにされたくないなどといった「素直な本音」を巧妙に隠して、他人や環境のせいにして言い訳を考えている限り、自分なら「やれる」といった自信は育まれません。

もしもあなたが、こうした言い訳癖を持っているなら、「何があればできそうか？」「どうすれば今よりも前進できるか？」「どこまでならやれそうか？」など、制限する方向ではなく「やる前提でやる方向に考える癖づけ」をするといいでしょう。

自信を失う悪習慣と対処法❷

「難しい」「ムリ」という未来否定の口癖を活用する

まだ何も行動を起こしていないのに、あたかもすでに経験して最初から結果を知っているかのように「ムリ」「難しい」と反射的に口にしてしまうことで、自分の可能性に蓋を閉めている人は少なくありません。

自信には、

- こうすればうまくいくはずだという期待（結果期待）
- 自分にはそれがきっと実行できるという期待（効力期待）

の2つの要素があります。

この2つの要素について自ら考えることをあっけなく停止させてしまう言葉が「ムリ」や「難しい」「だって」「どうせ」といった未来を否定する口癖です。

こうした口癖は、日常的に後悔や自分イジメを招き、あなたから自信を失わせてしまう原因になります。

では、こうした口癖にどのように対処したらいいのでしょうか？

それは、口癖をやめるというよりも、むしろ否定的な口癖を「肯定的な別の表現に言い換えるチャンス」と捉えてどんどん活用してみるのです。

たとえば、「ムリ」「難しい」と反射的に反応したのであれば、「これはチャレンジだな～。何から手をつけようかな～」とか、「これって私にとってはかなりの冒険だな～。どこから攻略しようかな～」など、言葉そのものを肯定的なものに変えてみるのです。

これによって、やる前から諦めてしまう自分から抜け出すことがスムーズにいきます。

自信を失う悪習慣と対処法❸

「ないもの探し」ばかりの思考癖を活用する

自分が嫌いで自分に自信を持てない人は、「ないもの探し」ばかりをしていることが多いです。たとえば、「お金がない」「知識・経験がない」「人脈がない」「機会がない」「出会いがない」「権限がない」「愛してくれない」などなど。

あれができ「ない」、あれが足り「ない」、これをやってもらえ「ない」、自信が「ない」など、なにかと「ない」ばかりにフォーカスを当てれば当てるほど、自信をうし「ない」ます。

もしも、あなたが、「ない」にフォーカスしているものがあるなら、その「ない」ものを利用して、「ここまではある」「ここまではできる」「ここまでなら知っている」など、「ある」部分にフォーカスを当てるようにすると、これまでなら見えていなかった自分の魅力、価値、能力などが見えるようになり、結果として自信を取り戻すことに役立ちます。

（例）

・英語が話せない⬇アルファベットは知っている。中学一年生程度の文章なら読める
・お金がない⬇給料日になればお金が入る、生命保険に積立がある
・自分には才能がない⬇自分よりも才能のある人を知っている（人脈がある）

自信を失う悪習慣と対処法❹

過去にとらわれている後ろ向きな自分を活用する

私たちは未来に向かって「いま」を生きているのですが、過ぎ去った過去を振り返っては、次の挑戦に生かすための反省ではなく、現実逃避するために後悔しては自分を責める……。こうした後悔癖がついている人は、むしろラッキーです。なぜなら、過去の体験から未来への肯定的な学びを考えるチャンスがあるからです。

私たちはともすると、後悔から「自分を制限する学び」だけを得て終わってしまうことがあります。たとえば、意中の人に告白して失敗すると、「もう恋愛なんてゴメンだ！」「もう自分から告白なんてしない！」といった具合です。

これらは否定的・制限的な学びです。

そうではなくて、「この経験を次につなげ、同じ轍を踏まないために、これから自分が取り組むべき課題はなんだろう？」という問いかけを自分にするのです。

それによって、「改善のアイディア」を考え実践していくことで、どんどん経験値が高まり自分に自信が湧いてきます。

自信を失う悪習慣と対処法❺
自分をことさら低く評価する他人に自己評価を委ねている自分を活用する

この社会には残念なことに、なにかと人の足を引っ張ったり、他人の落ち度を目ざとく見つけたりしては指摘することで、相対的に自分のポジションを持ち上げようとする姑息な人がいます。また、自分の劣等感を隠すために、あえて人の至らない点を指摘する人もいます。

自分が嫌いで自分に自信がない人の多くは、こうした「人を低く評価する人」の本当の目的に気づかないまま、その評価を信じてしまっていることがとても多いと感じています。

周りの人の自信を奪うことで、相対的に自分に自信があるように見せかけようとすることが目的の人の評価を信じていても、自分に自信を持つことはできません。

自分の評価は自分自身で決めればいいのです。

そもそも、私たちにはそれぞれ固有の価値があります。それを「個性」といいます。誰かがあなたのことを何かと相対比較して勝手に優劣をつけるようなものではないのです。

他人の顔色を伺い、他人の評価に右往左往してしまうという人は、まずは「誰からの評価」をクヨクヨ気にしているのか特定しましょう。

その上で、

- その人からの評価が絶対に100パーセント常に正しいのか？
- その人の言うこと以外にもっと別な真実はないのか？
- その人の言う通りに実行したら、本当に望みが叶うのか？
- その人自身は、人に言う以上の優れた何かを成し遂げているのか？

こうしたことを客観的に観察してみましょう。

よくよく冷静になって考えてみるとわかるのですが、人にマウンティングすることで自分のポジションを高めようとする姑息な人は、実は「自分が優位に立てそうなごくごく一部分」をことさら大きく見せることでマウンティングしているだけです。

私自身、中学校時代は今よりもずっと身長が低くて、そんな自分がすごく嫌いだったので、「バスケットボールをすると身長が伸びるらしい」という都市伝説のような話を真に受けてバスケットボール部に入った経験があります。

ですが、私よりも身長が高いイジワルな先輩から「チビのクセにバスケなんかできっこない」としょっちゅういびられました。

その先輩はレギュラー選手でもない練習部員というポジションだったのですが、たまたま私よりも「身長が20センチ以上高い」という一点だけで私に「どうせバスケは無理」というマウンティングを仕掛けてきたのです。

バスケットボールというスポーツを考えたとき、身長はかなり優位に働くことは否めません。ですが、身長が低くても、「すばしっこさ」「パスやシュートの正確さ」「途中でへこたれない体力や精神性」など、身長の低さをカバーするばかりでなく、武器として磨く価値のある特徴はたくさんあるはずです。

当時の私はそうした考え方ができなかったので、いびりに耐えきれず「根性なし」の烙印を押されて退部しましたが、いまとなっては、こうやってネタにできる材料を与えてくれたことに感謝しかありません。

自信を失う悪習慣と対処法❻

自分だけが我慢すればいいという犠牲者癖を活用する

素直な思いに蓋をする癖がついていると、いざという場面でも自分を出すことができない。そんな自分を嫌いになる。自分が嫌いだから自分に自信を持つことが難しい。「いつかきっと私のことをわかってくれるはず」みたいな期待をしては、その期待が裏切られて失望に変わり、さらに自分を嫌ってしまう……。

こうした失望からくる心の痛みを避けるために、「自分にも他人にも何も期待しない。むしろ最初から諦めて自分一人が犠牲になっていた方がいい」。こんなふうに考えて無気力な自分を演じ、そんな自分を嫌っているケースも結構多いと感じています。

本当はしたくもない犠牲を自分に強いるのと同時に、無力感や無価値感をも強化しているからどんどん自信を失っていくのです。

こういった、本当はしたくないのに自己犠牲を払ってしまうことが習慣化している人に、「もう自分を傷つけるような自己犠牲を払うのはやめましょう！」というアドバイスは、ほぼ意味をなしません。

なぜなら、そんなことは言われなくてもわかっているからです。

「わかっているのに、つい繰り返してしまう自分を止められない」から自分を嫌ってしまうのです。

そこで、せっかく身につけた自己犠牲癖を逆転の発想で自分のメリットになるように活用してみましょうというのが私の提案です。

つまり「あなたにとっての何らかの見返りを条件に自己犠牲を払う」ようにしてみましょうということです。

「あなたが○○してくれたら（やめてくれたら）、私も△△する（やめる）」という具合に、あなたの払う犠牲に対して交換条件を提示するというテクニックです。ここでのポイントは、「相手に先に条件を満たしてもらうように依頼すること」です。じゃないと、せっかくの自己犠牲が頑張り損になりますからね。

もしも交換条件を出すのに抵抗があるというのであれば、「私が△△するから、あなたは○

○してほしい」と伝えてみましょう。相手があなたの要求を飲んでくれたらあなたはハッピーだし、あなたの要求を飲んでくれなかったとしても、それはいままで通りということなので、あなたにはなんのデメリットもないのです。

一方的に自己犠牲を払ってばかりいる自分が嫌いという場合は、ぜひ、相手に駄目元で交換条件を提示しましょう。

自信を失う悪習慣と対処法❼

「やるべきこと」「やらなきゃいけないこと」ばかりのMUST思考を活用する

「やるべきこと」や「やらなきゃいけないこと」ばかりやっていると、いつしか頭の中が「やらされ感」ばかりになり被害者意識を生み出します。被害者意識にとらわれているとき、私たちは自分を肯定的に受け止めることも、自分に自信を持つこともできません。

「やるしかない」という思いの裏側には、「本当はやりたくない」という本音が隠れていることが多いです。これは本来、欲望に流されてしまう自分に「やるしかない」「やらなきゃいけない」と自分で自分に喝を入れることで、うまく社会に適応しようとする自分を救うための戦略です。

それがいつしか「むやみやたらと自分を拘束し生きづらくする思考癖」になってしまうのです。

自己啓発本の中には、「こうした思考癖を手放して『自分は本当はどうしたいのだろう？』という心の声に耳を傾けましょう」といった教えが書いてあることがあります。

確かに、自分イジメをやめて自分に自信を取り戻すためには、「自分が本当にしたいと思えること」に向かうことは大切です。ですが、自分のことを自分で当たり前のように嫌っているとき、「自分は本当はどうしたいのだろう？」といくら考えても答えを出すことは容易ではありません。なぜなら、自分で答えを出すよりも先に「こんな自分が本当にしたいことなんか考えてはいけない」「自分が本当にしたいことになんか価値がない」などと、反射的に自己否定をし続けてしまうからです。

では、「やるべきこと」「やるしかないこと」などの「MUST思考」ばかりで息苦しさを感じ、そんな自分を嫌ってしまっている場合はどうすればいいのでしょうか？

それは、「やるべきこと」「やるしかないこと」を終えたら、必ず自分にご褒美をあげて、自分を労うという新しい習慣を作ることです。

「お気に入りのカフェに行く」「好きな映画を観る」「コンサートに行く」「焼肉を食べる」などなど、あなた自身を喜ばせてあげるようなご褒美を用意しておくのです。ちなみに私の場合は、「天下一品ラーメン」が定番のご褒美です。

なお、用意するご褒美は「やるべきこと」「やるしかないこと」の難易度に応じて豪華さを変化させるようにすると、楽しみながら取り組めますよ。

6-3 他人の期待に応えるよりも自分の期待に応えよう！

「人は相手の無意識に反応する」とオーストラリアの著名な精神科医ベラン・ウルフは言っています。

たとえば、あなたが自分で自分のことをダメでグズで嫌いだと思っていて、そんな自分を隠しながら他人とコミュニケーションしたとします。残念なことに、あなたとコミュニケーションをした相手には、あなたが隠そうとしている部分が伝わってしまうのです。

これについては、かなり真剣に考えておく必要があるので、具体的な事例でお話ししてみましょう。

私が高木さん（仮名・20代・男性・会社員）とお会いしたときの第一印象は、男の私からみても爽やかで明るく快活な好青年という印象でした。バリバリ仕事で飛び回っていて、プライベートでも恋人と楽しく過ごしているし、趣味の仲間たちと定期的に交流を持つなど、パッと見た感じなんの悩みもないようにも見える人でした。

ですが、高木さんは密かに長い間「みじめ中毒」に悩んでいたのです。

高木さん曰く「相手と親密になるに従って、なぜかいつも関係性が悪化してしまう。だから、人と深く関わることが怖いんです」とのことでした。

そんな高木さんとセッションをしていく中で、小学校、中学校と学校でイジメを受けていた体験が人間関係の心構えに深い影を落としていることがわかってきました。

高木さんの両親は共に学校の先生をしていて、ことあるごとに「お前は親が先生のくせに、そんなことも知らないのか！」などと、クラスメートから揶揄されたり馬鹿にされたりしたそうです。そのせいで高木さんは、本当は大好きな両親のことが嫌いで恨みの感情を隠し持っていました。でもイジメのことで両親に迷惑をかけてはいけないと、学校でのことは一切相談できず、かといって悩みを打ち明ける友達もいなくて、本当は学校に通うことがとても苦痛だったそうです。それでも両親を悲しませたくないという一心からなんとか不登校になることもなく、じっと孤独に耐えて学校に通ったそうです。

幸い、高校に進学するとそれまでとは環境が一変し、平和な高校生活を経て大学に進学し、社会人になるのですが、その間も、誰かと心から打ち解けようとすると、なぜか不安や恐怖に襲われてしまい、そんな人間関係に疲れてしまって自分から相手と距離をおいてしまうか、相手が自然に離れてしまうかといった希薄な人間関係ばかり繰り返していたのです。

どうして希薄な人間関係になってしまうのかというと、高木さんは心の深い部分で、「ありのままの自分は無力で無能で、誰も相手になんかしてくれない」「本当の自分のことを知ったらきっとガッカリされる。だからいつも頑張らなければならない」「親はもちろん、周りの期待に応えるために、ちゃんと体裁を整え余計な突っ込みを受けないようにしなければならない」と自分をやたらと低く評価するとともに、他人に対して強い不信感や警戒心を持っていたからです。

そのためにいつも限界まで自分を追い込み頑張り続けてきたのですが、頑張れば頑張るほど、むしろ頑張る原因を生み出している周りの人たちへの敵対心を強め、その敵対心のせいで、いつも孤独の恐怖と戦って疲弊していたのでした。

さて、ここであなたにいま一度思い出していただきたいのが、「人は相手の無意識に反応する」という言葉です。

高木さんがコミュニケーションを深めようとする相手は、高木さん自身が抑圧しているせいで気づいていない、「自分のことが嫌いで、ありのままの自分には価値がないと思っていること」や「他人に対して自分を傷つける恐怖の対象として怖れているし、信用することができずにいること」に反応しているから、人間関係が希薄な状態から抜け出せずにいたのです。

高木さんとしては、精一杯頑張ってコミュニケーションしているつもりなのですが、本心では他人を怖れているので、高木さんが思っている以上に相手の懐に飛び込むことができていません。なので、相手も高木さんに対してよそよそしさを感じてしまいます。

著名な精神科医のライヒマンは**「自分を愛する程度にしか他人を愛せない」**と言っていますが、この言葉は「人は相手の無意識に反応する」と同じ意味だと私は考えています。

他者とより良いコミュニケーションをしたい、他者と深い絆を結びたいと思うなら、まずは

自分のことを肯定的に受け止め、自分のことを好きになる必要があります。

そのためには、周りが期待する自分になろうと頑張るのではなく、自分が期待する自分、自分が好きな自分になるように頑張ること。つまり、自分を肯定的に受け止める力を育むことが何よりも大切になるということです。

ただ、こうしたことをお話しすると、時々、「私はネガティブ思考で自己肯定感が低いのです」という相談を受けることがありますが、ネガティブ思考と自己肯定感の低さについては、必ずしも一致しません。

たとえば、先々のリスクを敏感にキャッチできる人は、ともすると相手からネガティブな発言ばかりすると思われることがありますが、それはあくまでも「想定されるリスク」をキャッチする力が高いのであって、ビクビクオドオドして不安になったり、落ち込んだり、自分イジメをしているのとはわけが違います。

「不安で無理」「失敗が怖い」というのと、「こんなリスクがあるから気をつけなければ」というのは全く次元の違う話なので、ここは混同しないようにしておきましょうね。

では、あなたの自己肯定感をアップすることに役立つ具体的なテクニックについてみていきましょう。

6-4 自己受容を促進する5つの習慣

ここでは、自己受容を促進するための毎日の実践的な5つの習慣についてお伝えします。

「どうして自分はいつもダメなんだろう……。」

「もし○○になったらどうしよう……。」

こんなふうに、頭の中でネガティブループにはまって動けなくなってしまい、「だから自分はダメなんだ！」と自分イジメをしてしまうケースって本当に多いです。

自分の中のネガティブな自分を克服しようとすればするほど、結果として自分の中のネガティブな面、ダメな面ばかりにフォーカスしているために、余計にネガティブな思考は拡大してしまいます。

たとえば、

⬇「もっとポジティブに考えなきゃだめだ。」

⬇「よし、今度こそポジティブ思考の習慣を身につけるぞ！」

⬇「でも、もしもまた失敗したらどうしよう……。」

⬇「あ、またネガティブなことを考えてしまった！　どうして自分はいつもこうなんだろう？」

⬇「もしかすると、過去の○○のせいだったり、△△のせいだったり……。」

⬇「あ、またネガティブなこと考えている。」
⬇「やっぱり自分はネガティブ思考だ。」
⬇「もっとポジティブに考えなきゃだめだ。」
⬇「でもやっぱり……。」

こんなふうにグルグル思考にハマっているって感じです。
もしも自分の中のネガティブな自分が一生懸命、顔を出してくるなら、そのネガティブな自分を受け入れて、そんな自分でも大丈夫なんだと思えるように自己受容を進めていくのが効果的です。

「自己受容」とは、「その人が置かれている現実の状況を素直に受け入れること」を意味する言葉です。

たとえば、身体的・気質的な特徴、生まれた時代や環境、働いている職場環境など、現実の状況には、自分の意志だけでは変えられないものがあります。

どんなに「うちの親は過干渉で耐えられない！」と思ったとしても、代わりに別な親と交換するということは現実的には難しいでしょう。

このように**「本当は受け入れたくないけれど、現実に受け入れがたい不快な状態が生じている」とき、その現実をまるっと受け入れ、その状況の中で自分にできることを見つけ、それに前向きに取り組むことで、現実を変えることができます。**

そのためには、まずは「自己受容」というプロセスが必要になります。

たとえば、営業成績が伸び悩んでいることに頭を抱えているAさんが、このように考えたとします。「どうせ私は営業に向いていないんだ。」「うちの会社の商品が他社よりも劣っているせいだ。」

このような考え方は、Aさんに実際に起きている現実を否定した考えといえます。

あるいは、失恋したBさんが「私がフラれるなんてありえない。本当はあの子は私のことが好きなのに恥ずかしがっているだけなんだ。だったら、もっと激しくアタックしよう」といった考え方も、現実を受け入れていませんね。

現実の世界で実際に何が起きているのかといえば、「Aさんの営業成績が伸び悩んでいること」や「Bさんがフラれたこと」で、これは現時点では変えようのない事実です。

もしもAさんがこうした状況から抜け出そうとするのなら、まずは「自分は営業成績が伸びていない」というありのままの現実を受け入れる必要があります。

「営業に向いていない」とか「他社の商品よりも自社の商品が劣っている」などといった付随情報は付け加える必要はありません。

ただ事実として自分の営業成績の悪さを受け入れる。

シンプルにいえば、これが「自己受容」です。

自己受容とは、「現状のありのままの自分を受け入れること」と言い換えることができます。

「でも、自分の営業成績の悪さを自分で認めてしまったら、余計にみじめな気持ちになって自分イジメをしてしまうのでは？」

もしかするとあなたはこう思うかもしれません。

では、「現状のありのままの自分を素直に受け入れること（自己受容）」の続きを見ていきましょう。

「残念だけど私は営業成績が悪い」という事実をありのまま受け入れたAさんには、それまで「どうせ私は営業に向いていないんだ」「うちの会社の商品が他社よりも劣っているせいだ」などと、自己受容していなかったときには見えていなかったいくつかの選択肢が見えるようになります。

たとえば、

- 営業成績のいい人に成績の上がるやり方を教えてもらおう
- 上司に改善点を指摘してもらおう
- 営業以外で力を発揮できる部署に異動申請を出してみよう
- 営業以外の仕事に転職を検討しよう

……などなど。

ありのままの自分をいったん素直に認めてみると、「じゃあその現実を踏まえて、これから自分はどうすればいいのだろう？」という選択肢が見えてくるのです。

そして、それらの選択肢こそが、悩ましい現状を望ましい未来へと変化させるきっかけになるのです。

ありのままの自分をまるっと認める「自己受容」は、「いい自分」も「かっこ悪い自分」も「ダメな自分」も「できない自分」も、現実にそういう自分がいる以上、全部まるっと認めてしまうということです。

これは、つらくて、苦しくて、みじめに感じるかもしれません。

ですが、**「ダメで弱くてみじめで情けなくてかっこ悪い自分」を認めるからこそ、そんな自分から抜け出す「はじめの一歩」を踏み出せる**のです。

とはいえ、そもそも受け入れがたい自分を受け入れるというのは、かなり難しく感じるかもしれません。

そこでここでは、受け入れがたい自分を、受け入れやすいように変換することで自己受容を促進し、結果として自己肯定感を高めていくためのシンプルな方法をご紹介します。

ぜひ、毎日の習慣として取り組んでみてください。

自己受容促進テクニック❶ 「だって、それってフレーズ」

こちらは「1-6『ない』を『ある』に変えるリフレーミングテクニック」で詳しくお伝えしたものです。ここであらためてご紹介します。

ネガティブな自分を受け入れようとすると、どうしても「そんなの無理！」と無意識に抵抗感が生じることがあります。

そんなときには、ネガティブな状態のままではなく、肯定的な解釈に変換してから受け入れていくようにすると自己受容がスムーズにしやすくなります。

たとえば、

「ネガティブな自分でもいいじゃない！　だって、それって自分のことを深く考えているってことだよね。」

「ネガティブな自分でもいいじゃない！　だって、それって自己成長意欲が高いってことだよね。」

「ネガティブな自分でもいいじゃない！　だって、それってポジティブな人をよりポジティブに際立たせることに貢献しているってことだよね。」

という具合に、まずは受け入れがたい自分の嫌な部分に対して「いいじゃん！」と許可を出します。その上で、「だって、それって……」と自分にとって肯定的な意味づけをするのです。

一般的には、「だって……」の後には、言い訳などネガティブなフレーズがくることが多いのですが、ここでは自分に役立つこと、自分を励ますことなど、受け入れやすいような解釈に変換（リフレーミング）することで、自己受容を促進するというテクニックです。

このテクニックは、対人関係の場面で使うと相手にかなり肯定的な印象を与えることができるので、普段から練習することをオススメします。

自己受容促進テクニック❷「おかげさまでフレーズ」

「おかげさまで」というフレーズを使うことで、ネガティブ側に偏っていた視点を、ポジティブ側に引き戻すことができます。

このテクニックの目的は、ネガティブに偏った視点を広げることで、自己受容しやすくすることです。**「こんなふうに役立っている部分もあるのだから、まあいいか！」と割り切ることで受け入れてみる**のです。

ですから「こじつけ」的なものでも全然構わないので、受け入れがたい自分を感じた際には、反射的に「そのおかげでどんなことに役立ちそうなのか？」をたくさん考えてみましょう。

（例）

- 私は自分のことが嫌いだ。そのおかげで、自己成長しようと努力している。
- 私は自分のことが嫌いだ。そのおかげで、人のいい部分を見ようとしている。
- 私は自分のことが嫌いだ。そのおかげで、私と同じように自分のことを嫌っている人の心の痛みがわかる。

オススメしないのは「いつから自分はこうなったのだろう？」と考えて、原因となるトラウマ的なものを「創作」してしまうことです。

自己受容促進テクニック❸「スケーリング」

はじめに、短所や劣等感など、自分の嫌いなところ、受け入れがたいところを20個ノートに書き出します。

そうしたら、それらに対して「これだけは絶対に認められない！　受け入れられない！」というものを一つ選んで、それを100点として、他のすべての項目を5点刻みで採点（スケーリング）してランキングをつけていきます（全部で20個あるので、最低5点、最高100点になるように採点します）。

採点を終えると不思議なことに、70点未満のものは「なんだ、改めて冷静に考えてみると大したことないな」と思えるようになり、自己受容がしやすくなるのです。

たとえば、あなたが何かが原因で不安を抱えて身動きが取れなくなったと感じているとします。そのとき「これまでの人生で最高に不安だったときと比べると、いまの不安の状態は何点くらいだろう？」と点数をつけてみます。

ありえないくらい不安に飲み込まれてしまった状態が100点満点だとしたとき、いまの不安な状態が何点くらいなのかを客観視してみると、意外と不安な感じが軽くなったりするものです。

このようにスケーリングテクニックは、心の状態を客観的に観察し落ち着かせるなど、色々な場面に応用できます。

自己受容促進テクニック❹「あるもの探し」

これはどういうことかと言うと、たとえば「空気を読めない自分が嫌い」というとき、自分に対して「足りないもの」「欠けているもの」にフォーカスが当たっていると言えます。足りないもの、欠けているものばかりにフォーカスしていれば、自分がダメでグズでノロマで……と、どんどん自分を嫌いになってしまいます。

そこで、足りないもの、欠けているものではなく、「自分にあるもの」にフォーカスを当てるようにしてみるのです。

たとえば、

「自信がない」➡「慎重さを持っている（慎重さがある）」

「自信がない」➡「謙虚さを持っている（謙虚さがある）」

「自信がない」➡「伸びしろを持っている（伸びしろがある）」

「自信がない」➡「周りを立てている（フォロワー力がある）」

こんな具合です。

これも一種のリフレーミングテクニックといえます。

リフレーミングしたものであれば、スムーズに自己受容もできると思います。

自己受容促進テクニック❺ 「主語をはっきり表現する」

自分を肯定的に受け止める練習をする上で、最も基本的なことにもかかわらず、案外、おざなりにされているのが「主語を明確にする」ということです。

もともと日本語は主語が不明確でも会話が成立してしまうため、自分の意思を表明できているとか、自分で物事をコントロールできているという実感を持ちにくいようです。

なので、あえて「私は」という主語を明確にしながら話すことで「自分の意見を伝えることができている」という感覚を自分の中に蓄積していくことは、自己肯定感を高めることにとても役立ちます。

実際、「私は〇〇したい」「私は〇〇だと思う」など、「私は」「私が」と主語を明確にするだけで、途端に会話がぎこちなくなって話せなくなる人って、案外少なくありません。

それくらい、主語を明確にすることは心理的にもパワフルに作用するのです。

たとえば、

Aさん「ねえねえ、今日のランチどうする?」

あなた「う〜ん、昨日はイタリアンだったから、今日は中華かな〜」

この二人の会話には「主語」がありませんね。

では、主語を「私は」にするとどうなるかというと、

Aさん「ねえねえ、今日のランチどうする？」

あなた「昨日はイタリアンだったから、私は今日は中華がいいと思うの。あなたはどう思う？」

こんな具合です。

普段、主語を明確にすることに慣れていないと、ちょっとギクシャクした感じに思えるかもしれませんが、主語を「私は」とするだけで、自分の意見をきちんと主張できているという実感が持てるようになるので、自分を肯定的に受け止めやすくなるのです。

6-5 自己受容トレーニング

自己受容がスムーズにできるようになると、自己肯定感を持つことができるようになります。

自己肯定感とは、「自分のあり方を積極的に評価できる感情」「自分の価値や存在意義を評価できる感情」のことで、「いいところもあるし、ダメで弱くてみじめで情けなくてかっこ悪いところもある、ありのままの自分」に「価値がある」と感じる感情のことです。

そもそも、私たちはどうして自己受容できないのでしょうか？

アメリカの心理学者ロジャースは、どんな人にも「理想の自分」があり、「現実の自分」を「理

〈図4〉

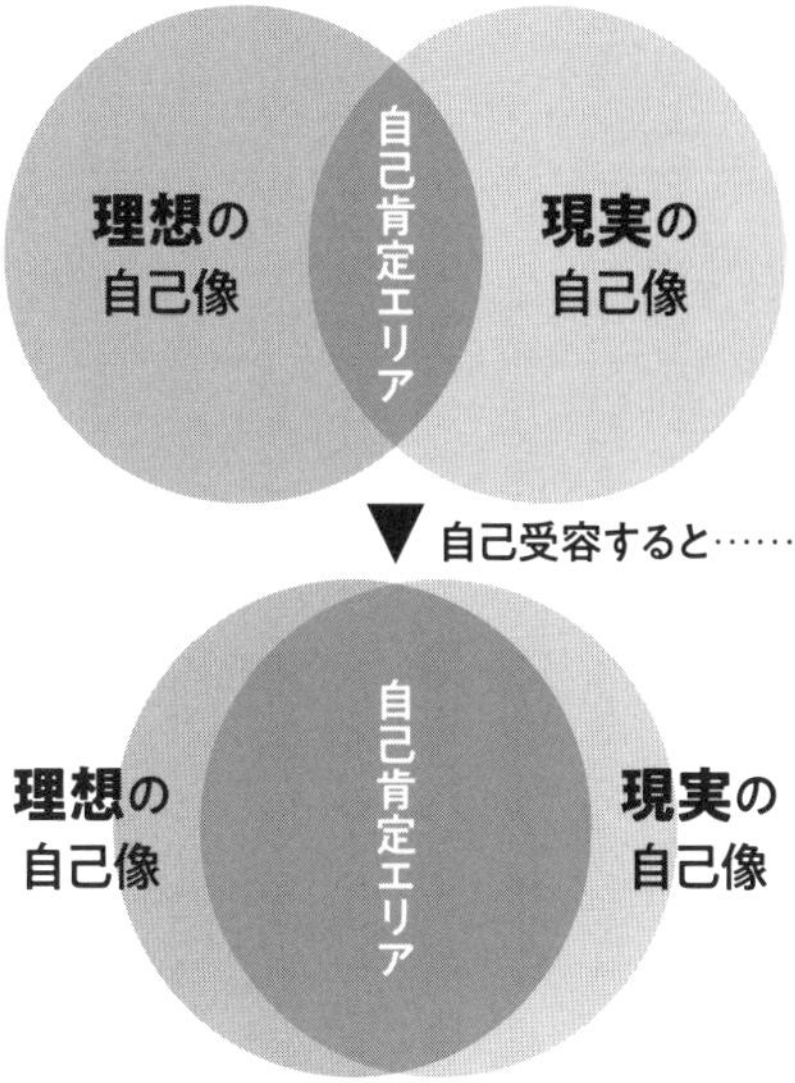

想の自分」に近づけようとして生きていると言っています。

そして、**「理想の自分」と「現実の自分」の一致する領域の大きい人ほど現実社会に適応でき、一致する領域の小さい人ほど問題を抱えがちになってしまうの**です。

これを図で表したものがこちらです。〈図4〉

「いいところもあるし、ダメで弱くてみじめで情けなくてかっこ悪いところもある、ありのままの現実の自分」を自己受容によって受け入れることによって、「理想の自分」と「現実の自分」の一致箇所を広げることができます。

この一致箇所こそが、自己肯定感を感

じるエリアとなるのです。

では、あらためて営業成績が伸び悩んでいるAさんのケースで、自己受容と自己肯定感の関係を見ていきましょう。

「営業成績が悪い」と悩むAさんが、ありのままの自分を受け入れて自己受容したとします。

するとAさんは、たとえば次のような自己肯定感を持つことができるようになります。

「確かに私は営業成績が悪い。自分なりに頑張っているつもりだけど、なかなか結果がついてこない。だからいま、セールスについての勉強をしているし、上司からアドバイスをもらうなどコミュニケーションを増やしている。まだ結果は出ていないけど、こうやって前向きに努力できている自分のことは誇らしいと思う。これまでは苦手だった上司とのコミュニケーションも最近はうまくいっているし、思った以上に上司は部下思いの人だったことにも気づくことができた。こうやって苦手な人とのコミュニケーションができるようになったのも、元はといえば営業成績が悪かったおかげだ。そう考えてみると、私の営業成績が悪いのは、一概に悪いばかりじゃないかな。もちろん、これからも自分にできる努力は精一杯するし、助けてくれる上司もいる。そう考えてみると、意外にも私には営業をする環境が整っているのかも……。」

いかがですか？　こんなふうにAさんは、「営業成績が悪い」という現状を受け入れ（自己受容）、その上で、いま取り組んでいることや努力をしていることを見つけて自分を肯定的に受け止めています（自己肯定感）。そこには、営業が伸び悩んでいることで、スネてしまった

「ダメで弱くてみじめで情けなくてかっこ悪いAさん」はもういませんね。

自己受容が上手にできるようになると、怒りや悲しみ、嫉妬、不安、怖れなど、ネガティブな感情を自分でコントロールすることが自然にできるようになります。

好ましくない感情に囚われて、ただうつうつとして、時間を無為に過ごすということもなくなります。さらには自己肯定感もアップするという、一粒で二度も三度も美味しいのが自己受容なのだということはお分かりいただけたかと思います。

それではここで、さらに具体的な自己受容トレーニングのやり方をお話しします。

ステップ1 何を相手（自分）に期待していたのかを振り返る

何もかもが期待した通り、理想通りになっているならば、私たちは不愉快な気分になることはありません。期待が裏切られて失望したなど、「理想と現実とのギャップ」を感じたから不愉快な気分を感じ、そのギャップの度合い（強弱）によって、いつまでも引きずったり引きずらなかったりが決まるのです。

ですから、はじめに、どんな場面でどんなことを相手（自分）に期待していたのか？　といった理想の状態を客観的な視点で書き出してみましょう。

案外、書き出すだけでも、相手（自分）に対して過剰（理不尽）な期待をしていることに気づき、クスッと笑えて不愉快な感情を手放せるかもしれません。

ステップ❷ 期待が裏切られたときの思考と感情を振り返る

次は、期待（理想）が失望に変わった瞬間、何を考え（思考）、どんな気持ち（感情）になったのか、自分の心の内側を深く見つめていきます。

このステップ２の部分が、自己受容のキモと言えるとても重要な部分です。というのも、このステップ２で考えたものこそが、実はあなたの「本音」だからです。

私たちは思っている以上に、自分がどんなことを考えて、どんな気持ちになっているのか、実はあまり知らないというか気づいていないというか。自分の本音と向き合い受け止めることができず消化不良を起こしているから、いつまでもズルズル引きずってしまうのです。

ここでは、期待が裏切られたときに考えたこと、感じたことを正直に書き出してみましょう。情けなくて、弱くて、ビクビクオドオドした考え方や感情が自分の心の深い部分にあるということに気づけると思います。

ステップ❸ 「本音」を味わい受けとめ共感する

ここは自己受容を実際に行い促進するためのパートです。

先ほどのステップ２で書き出した自分の本音をまじまじと読み返しながら、「そうだよな〜。ほんと、その通りだな〜」「そうか〜、こんなことを考えて感じていたんだな〜」と、書き出した本音をしっかりと味わいながらしっかりと受けとめ共感していきます。

このとき、ともすると、受けとめ共感している最中に「くそ～、こんな気持ちを感じさせやがって！」とか「どうしていつもこんなネガティブなことばかり考えてしまうんだろう」などと、相手や自分に対する怒りの感情が湧き上がることがあるかもしれませんが、ここでは、あくまでも自分の本音に対して「そうか～、そうだよな～」と受けとめ共感することだけに集中しましょう。

ステップ❹ 自分を労う、自分を承認する

いよいよ最終ステップです。

最後のステップでは、期待を裏切られ失望したつらい状況でも、自分なりに頑張っている自分のことを労い承認します。

「こんなにツラくて苦しい目にあっているのに、よくこうやって腐らずに踏ん張れてるな～。本当に私ってよくやってるじゃん！」

こんな感じで、自分で自分のことを繰り返し労ってあげます。


いかがでしたでしょうか？

自分でもわかったつもりで、実はあまりよくわかっていない「本音」をしっかりと味わいき

ることで自己受容が促進され、自分イジメを引き起こすストレスが綺麗に消化されていきます。

それによって、客観的な視点から起きた出来事を観察できるようになったり、相手の立場に立った考え方ができるようになったりするというメリットもありますし、お話しした通り、自己肯定感のアップにとても役に立つのです。

第7章

怖れを克服し支配する

ここまで、自分との向き合い方を中心にお話ししてきました。

本章では「怖れ」について話をしたいと思います。どうしたら怖れを克服できるのかについて、あなたと一緒に考えてみたいのです。

おそらく、あなたは人一倍「怖がりな自分」を感じているのではないでしょうか？　恥ずかしいことが怖い、人から見下されるのが怖い、孤独になるのが怖い、傷つくことが怖い……。怖いとまでは言わないまでも、不安でいてもたってもいられなくなる感じが強くて、気を使いすぎたり、人の目を気にしすぎたりして、気疲れしてしまうことが多いのではありませんか？

誰かとコミュニケーションしていても、「この人は私のことをどう思っているのだろうか？」「自分はマトモな人に見られているだろうか？」「突っ込まれるような落ち度はないだろうか？」みたいなことがまるで気にならなければ、人間関係はとても楽チンになることでしょう。

でも、きっとあなたはそんなに鈍感力が高くはないはず。

そもそも鈍感力が高い人は、この本になんて興味がないし、自分を変えてみようなんてことも思わないでしょう。

あなたは「怖がりで弱い自分のままじゃいけない！」そう思っているからこそ、この本を手に取ったはずです。

そんなあなたは、まず大きな誤解をしていることに気づく必要があります。それは「**怖れと戦っても負けるだけ。怖れはむしろ活用した方がうまくいく**」ということです。

そもそも、私たちには太古の昔から、未知なるものや危険な匂いのするものを本能的に怖がるようにインプットされています。これは私たちが、自分自身や大切な人やモノを外敵から守るためには必要な感情だからです。

もしもあなたに「恐怖」という感情がなかったら、どうなるか想像してみてください。たとえば、恐怖心があるからこそ安全に車を運転しようと思うのではありませんか？　ビルの上から転落しないのも、「落ちるのが怖い。痛い目にあって死にたくない」という恐怖心があるから、不用意に身を乗り出したりしないのではありませんか？

自分の身の安全を守るために備わっている本能といくら戦っても、勝ち目なんてないのです。むしろ、負け戦を仕掛け続けることで自尊心や自己肯定感が傷つき、自信を失ってしまいます。

だったら、どうすれば「怖がりな自分」を克服できるのでしょうか？

それは前章でお話しした「自己受容」にもつながることですが、怖がりな自分がいることはまぎれもない事実なのですから、そんな自分をまるっと受け入れてしまうのです。そして、怖がりという特性をむしろ自信に結びつけてしまえばいいのです。

実は、あなたはもう「怖がりな自分を自信につなげる心理テクニック」を知っています。そのテクニックを応用し、「怖がりな自分」という個性をプラスに発揮することができたら、それはつまり「怖れを克服できた」と言えるのです。自信が湧いてくると思いませんか？

では、そのテクニックについて詳しく見ていきましょう。

7-1 怖れの感情は「if-thenプランニング」で克服しよう

あなたもよくわかっている通り、怖れの感情は放置していると、どんどん妄想が膨らんでいきます。そしていつしか心は怖れに支配され、あなたから自由を奪ってしまいます。

そもそも、怖れの感情は、「正体がよくわからない」から怖ろしいのです。ドラキュラだって、ニンニクと十字架という撃退するための方法がわかって、それらを事前に準備しておけば、もう怖れることはないのです。ですから、怖れを放置したり無理して戦おうとしたりするのではなく、徹底的に分解して素っ裸にしてしまえば、怖れの方からスタコラサッサと逃げてしまうのです。

「5-5『最悪のシナリオ』で不安を予定調和にする」を思い返してください。「最悪のシナリオ」を事前に考えておくことで、心の準備をして安心感をもつというテクニックがあったのを覚えていますか?

このテクニックを応用すれば、怖れを克服することができるのです。

ここでお話しする「if-thenプランニング」は、社会心理学者のハイディ・グラント教授が提唱している目標達成のための手法で、「【if】Xしたら、【then】次にYする」とあらかじめ決めておくという、いたってシンプルな方法です。

たとえば、

- 目覚ましがなったら、カーテンを開ける
- カーテンを開けたらトイレに行って用を足す
- トイレで用を足したら洗面所に行って手と顔を洗う
- 洗面所で手と顔を洗ったらキッチンに行ってトースターにパンをセットしコーヒーを入れる
- 朝食のセッティングが終わったらテレビをつける

こんなふうに、「XしたらYする」と事前に決めておき、あとは粛々とあらかじめ決めておいた通りに行動するだけです。

このようにとてもシンプルなテクニックですが、ある調査結果によると、if-thenプランニングによって行動することで、

・レポート課題への取り組み➡2・3倍アップ
・運動習慣の確立➡2・5倍アップ
・乳がん検診の受診➡2・0倍アップ

など、困難な取り組みに対して大きな効果があるのです。

このif-thenプランニングは、筋トレやダイエット、禁煙や禁酒、勉強や生活習慣など、どんな分野にでも応用できます。もちろん「怖れの克服」も例外ではありません。

こんなにシンプルにもかかわらず、なぜこれほど効果的なのでしょうか？

それは、私たちは「XならばYを実行する」といった条件反射的な命令に反応するようにできているからです。この自動思考反応の仕組みを利用すれば、無限に広がってしまう「恐怖妄想」をストップすることができるばかりか、恐怖に対応し乗り越えることに活用できるのです。

このif-thenプランニングの効果を最大限発揮するには、時間や場所、行動する内容など、状況をできる限り具体的に設定することがポイントです。

では、怖れを乗り越えるための具体的なテクニックについて詳しく見ていきましょう。

①怖れを特定する。

ここでは、いつ、どこで、誰に、どんなことが、どれくらい起きることを怖れているのか、具体的な場面や状況を特定します。

（例）お店でお客さんに声をかけられたとき、赤面して顔から汗がどっと出てきて恥ずかしい目にあう。

②「if-then（そうなったら、次にどうなる？）」を使って、具体的な最悪のシナリオを行き着くところまで考える。

ここでは、「そうなったら、次にどうなる？」を自問自答しながら、これ以上はないというところまで最悪のシナリオを考えます。ここで、徹底的に怖れの中身を「素っ裸」にします。できる限り丁寧に、かつ、具体的な状況を設定しながら分解していくのがコツです。

（例）お店でお客さんに声をかけられたとき、赤面して顔から汗がどっと出てきて恥ずかしい目にあう。

⬅「そうなったら、次にどうなる？」

しどろもどろになって、挙動不審な動きになるだろう。

⬅「そうなったら、次にどうなる？」

店長が出てきて、代わりに接客するだろう。私はお店の隅に行ってハンカチで顔の汗をぬぐいながら、絶望感に打ちひしがれ死にたくなっているだろう。

⬅「そうなったら、次にどうなる？」

店長に「接客は向いていないんじゃないか？」と叱られるだろう。そして、他の仲間にも笑われたり、陰口を言われたり、バカにされるだろう。

⬅「そうなったら、次にどうなる？」

そのお店は辞めることになるだろう。

⬅「そうなったら、次にどうなる？」

貯蓄を切り崩してしばらくは生活できるけど、失業手当がもらえるまでは持ちこたえられず、借りているアパートの家賃が払えなくなるだろう。

⬅「そうなったら、次にどうなる？」

強制的に退去させられるか、大家さんに鍵を交換されてアパートに入れなくなるだろう。

⬅「そうなったら、次にどうなる？」

ネットカフェに泊まるお金もないから、路上生活をするしかないだろう。

⬅「そうなったら、次にどうなる？」

どこかの公園で野垂れ死にするだろう。

⬅「そうなったら、次にどうなる？」

勝手に誰かが火葬して埋葬してくれるだろう。

こんな感じに「そうなったら、次にどうなる？」と丁寧に怖れの正体を分解していきます。

この例で言うなら、最終的な怖れの正体は、「人知れずみじめに死んでしまうこと」でした。

③②のシナリオに対処するための事前の最善策と、それでも最悪の状況になったときの対処方法を「if-then」で考える。

ここでは、先ほど②で考えた最悪のシナリオ一つひとつに対処するため「実行可能で具体的な事前の最善策」を考えます。

その最善策に対しても「if-then」で最悪のシナリオを立て、その最悪のシナリオに対する最善策も合わせて検討していきます。

（例）お店でお客さんに声をかけられたとき、赤面して顔から汗がどっと出てきて恥ずかしい目にあい、しどろもどろになって挙動不審な動きになる。

⬅「そうなる前にやっておいた方がいいことはなに？」

お客さまに声をかけられるから「ビクっ」として緊張してしまうので、逆に思いきって自分から「いらっしゃいませ」とお客さまの目を見ながら笑顔で挨拶し、心の準備をしておく。

⬅「それをしたら、次にどうなる？」

多分、お客さまは笑顔で挨拶を返してくれるだろう。でも、やっぱり緊張して変な表情になってしまうだろう。

⬅「そうなる前にやっておいた方がいいことはなに？」

休憩時間を利用して、笑顔の練習と、顔の筋肉をマッサージしてリラックスできるようにしておく。普段から笑顔の練習をしておく。

⬅「それをしたら、次にどうなる？」

リラックスしてお客さまに笑顔の挨拶ができるだろう。それと、自然な笑顔の挨拶ができた自分のことを褒めることもできるので、自己肯定感アップにも繋がるだろう。

こんな具合で、②で洗い出した最悪のシナリオ一つひとつについて、「実行可能で具体的な事前の最善策」を考えていきます。

事前の最善策は、実現可能なものであれば、自分一人で実行できることでも、誰かに助けてもらうものでも構いません。

「これならなんとかなりそうだ」「ここまで準備しておけば大丈夫だ」という自信のタネをあなたの心の中に植え付けることが目的です。

分解する作業を緻密にやればやるほど、事前対策のアイディアもたくさん見つかります。そして対策の数だけ、あなたの心に巣食っていた恐怖心は薄まり、安心感が広がってくることを感じるでしょう。

7-2 身体に染み付いた怖れの感覚を拭い去るテクニック

クライアントの方に「if-thenプランニング」をしてもらうと、途中から怖れの表情がスーッと消え、代わりに安堵の表情や笑顔になっていきます。この瞬間を見るのが、私はとても大好きです。

とは言っても、これまで何度も痛い経験をしていると、いくら事前の最善策を考え、頭では安心しても大丈夫だと思っていても、身体から怖れの感情が抜けきれないことがあります。身体が怖れに反応してしまって、せっかくのプランが台無しになる……。これはとてももったいないことだし、頭でわかっているのに動けないという経験は、余計にあなたから自信を奪い取ってしまうことにもなりかねません。

そこでここでは「怖れの感覚」を身体から拭い去ってしまうテクニックを紹介します。

あなたはすでに「第4章　いますぐはじめよう！　自分を変えるテクニック（日常生活編）」で基本的なテクニックを習得されているので、ここでお話しするテクニックについても、すんなりできると思います。

※可能であれば立ったままワークをやってみましょう。

①怖れの感情に囚われている自分をしっかりと感じる。

　ここでは、あなたが「具体的に何がどうなるのが怖いのか？」を実際に声に出していきます。そうしながら、「怖い！」という感情をしっかりと身体全体で感じていきます。その際、どれくらい怖さを感じているのか、ＭＡＸ怖い状態を１００点満点として採点しておきます。

②「着ぐるみ」を脱ぎ捨てる。

「怖い！」という感覚を全身で十分に感じたら、その感情があなたの全身を、まるで着ぐるみのように覆っているイメージをします。そうしてから、ゆっくりと「怖れの着ぐるみ」を脱いでいきます。着ぐるみを脱ぎながら、怖さも同時に脱ぎ去っているイメージをしましょう。

※人によっては、体をパッパと振り払ってみたり、軽くジャンプしたりするなどしながら丁寧に振り払うと、スッキリと着ぐるみが脱げるようです。

③「着ぐるみ」を宇宙に飛ばし、エネルギーを受け取る。

　脱ぎ捨てた着ぐるみに対して、優しく「私を危険から守ろうとしてくれてありがとう。でも、もう大丈夫だから安心していいんだよ」と声をかけながら、その脱ぎ捨てた着ぐるみを手に取り、宇宙に飛ばしていきます。着ぐるみが遠くに行くにしたがって、あなたの中の「恐怖感」はどんどん薄くなり、やがて消えていくことをイメージします。そして、宇宙から勇気や安心感のエネルギーを身体全身で受け取っていきます。

④恐怖レベルを改めて採点する。

　着ぐるみを宇宙に飛ばすとともに、宇宙からポジティブなエネルギーを十分に受け取ったら、改めて「恐怖レベル」を100点満点で採点します。

※「怖れの感情」に変化が見られない時は、④から改めてやってみましょう。

7-3 怖れの感情の先にある「勇気」

「いいかい、怖かったら怖いほど、逆にそこに飛び込むんだ。」（岡本太郎）

怖れの感情は私たちの思考を硬直させ、判断を迷わせ、行動を強力に抑制し、その結果、私たちを「みじめ中毒」に引きずり込んでいくとてもパワフルな感情といえます。

この怖れの感情があまりにもおどろおどろしいので、怖れから目をそらしてばかりいると、この感情のさらに先にある、とても大切なある感情を見逃してしまいがちです。

その感情とは「勇気」です。

怖れに囚われ、怖れに服従し、みじめな自分を諦めてばかりいると、怖れの先にある「勇気」の感情に触れる機会が失われてしまいます。感情は育んでいかなければ、どんどんしぼんでしまうのです。

そういう意味で、怖れの感情と上手に付き合うことができれば、その先にある「勇気」をあなたは手に入れることができます。

ここでは、怖れの先にある「勇気」を育むために、「モデリング」というパワフルな心理テクニックを紹介します。

私たちには自分自身を評価したいという本能的な欲望があります。無意識に自分と他人とを比べては、自分の立ち位置や自分の価値を測っているのです。

この他人との比較が歪んだ方向に行ってしまうと、劣等感や無価値感、あるいは恐怖心などを強化する場合があります。たとえば、「もしも、こんな私をあの人が知ったらどう思うのだろう？」と考えるとき、これも「あの人の考え」を基準にして、自己評価を測っていると言えるでしょう。

他人と自分とを比較し、それで「勝った負けた」と一喜一憂していると、心は消耗しエネルギーが失われてしまいます。

「モデリング」では、他人と自分を比較し自己評価や自分のポジションを測るのではなく、**「もしもあの人だったら、いまの私と同じような状況に対して、どうやって乗り越えるのだろう？」と、自分以外の他人の考え方や行動特性を自分にインストールすることで、自分の可能性を拡大する**テクニックです。

モデリングテクニックはとても応用範囲が広いのですが、ここでは「怖れを乗り越え勇気を手に入れるためのモデリングの活用方法」についてお話しします。

1 理想とする人を一人特定する

「あんな人のようになれたらいいな」といった、あなたの憧れの人を一人選んでください。できれば、上司、先輩、親兄弟、恩師など、実際にコミュニケーションをしてきた、あるいはすることができる身近な人の方がいいのですが、アニメのキャラクターや、映画、歴史上の人物でも構いません。憧れの人の考え方や行動特性がリアルに想像できれば大丈夫です。

2 その人の価値観を洗い出す

私たちは、意識することなく、発言や行動を通して、自分の価値観や信念を表現しています。**モデリングでは、その人の発言そのものや行動そのものを真似るだけでなく、その人の発言や行動を支えている「価値観」「信念」ごと自分にインストール**します。

その人の普段の発言や行動を思い返しながら、「その人は何を大切にしているから、あるいは、何を信じているから、そういう発言や行動をしたのだろうか?」と自問自答し、その人の価値観や信念をできる限り洗い出してみます。

もしもあなたが偉人をモデリングするのであれば、「名言集」や「本」を参考にしてみるのもいいでしょう。

たとえば、私の大好きなスティーブ・ジョブズ。本当にたくさんの名言を残していますが、彼がどんな信念・信条を大切にしていたのか見てみましょう。

「時には、ブロックで頭を殴られるようなことがある。それでも、信念を忘れるな。」

こうした言葉から、ジョブズが信念を大切にしていることがわかります。たとえ壁に突き当たっても、信念に基づいて行動し続けることを大切にしていたことが垣間見えてきます。

では、彼はどんな信念を大切にしていたのでしょうか？

ジョブズはこうも言っています。

「心と直感に従う勇気を持ちなさい。それは、あなたのなりたいものが何なのか知っているものだ。それ以外は、二の次でいい。」

つまり彼は、周りがどう言おうと社会環境がどうだろうと自分の直感を信じ、直感に従って行動するという信念を持っていたということですね。

このように、人は意識するしないに関わらず、普段、その人が大切にしている信念・価値観を色々な切り口から表現しています。

あなたがモデリングしたい人が身近な人であれば、その人の発言や行動を振り返れば、どんな信念・価値観を持っているのかがなんとなくわかるでしょうし、もしも、偉人などをモデリングするのであれば、その偉人についての名言集や本を読むことで、その偉人の信念・価値観が見えてきます。

3 モデリング相手になりきってプランニングする

モデリングしたい相手の信念や価値観がある程度見つけ出せたら、その相手の表情や姿勢、可能ならファッションなども含めて、あなたの心と身体の両方をフルに使って、そのモデリング相手になりきっていきます。

その上で、モデリングの相手が、いまのあなたが抱えている悩ましい状態と全く同じ状況におかれたとしたら、その人は、いったいどんなことを考え、どんな計画を立て、どんな行動をするのかなどを考えます。

ここでのポイントは3つあります。

1つ目は、自分の信念・価値観や性格上、行動上の特性をいったん脇に置いて、本気でその人になりきり直感的に考えること。

せっかくモデリングの相手になりきって現状を突破するアイディアを得られたとしても、ついつい「そうは言っても……」「私とあの人は違うから……」などと考え自分の世界に戻ってしまったら、ここまでのプロセスがおじゃんになります。ここでは、徹底してモデリング相手の世界観に浸りきりましょう。

2つ目は、「もしもあの人だったら、この状況をどう乗り越えるか?」と考えたときに、直感的に頭に浮かんできたものを逃さずキャッチすることです。

キャッチしたものについては、批判や批評することなく、ただノートか何かに書き留めておきましょう。

3つ目は、書き留めながら、「7-1　怖れの感情は『if-thenプランニング』で克服しよう」で学んだ通り、「そうしたら、次にどうする？」と具体的なプランニングに落とし込むこと。

必要に応じて「5-5『最悪のシナリオ』で不安を予定調和にする」のテクニックも併用することで、あらかじめ想定されるリスクに対する事前対応策も検討しておくと、よりモデリングの効果は高まることでしょう。

4 行動する

ここまできたら、あとは行動あるのみです。

「勇気」は、怖れをくぐり抜けた先に必ず待っています。いまは自分のことを信じられなかったとしても、勇気が出せなかったとしても構いません。なぜなら、自分を信じることも勇気がいることだからです。

あなたは自信を生み出す勇気を得るという目的にフォーカスして、直感に従って行動を起こすだけです。

第8章

さあ、新しい人生の一歩を踏み出そう

最後の章を迎えました。ここまであなたと一緒に考えたり実践したりしてきたことを軽く振り返ってみましょう。

はじめに、たとえあなたが、あなた自身のことを、弱くて、情けなくて、傷つきやすくて、みじめで弱い人間だと思っていて「みじめ中毒」になっていたとしても、そうした特性は、テクニックを練習することでいくらでもプラスに変換できるというところからスタートしました。「足りない」「欠けている」といった「ない」という自己評価を、「ある」に修正すること。無意識の禁止令や拮抗禁止令、構えに注意し、それらの禁止令には「許可」を出して心を柔らかくすること。そうしたことを第1章でお話ししました。

第2章では、「みじめ中毒」の原因をさらに掘り下げ、自尊感情や自己肯定感が低く自分に自信が持てなくなる理由「愛着問題」について考えました。あなたが親から無自覚に刷り込まれてしまったコミュニケーションパターンを分解し、望ましいパターンに再構築するためのテクニックについてもお伝えしました。

第3章では、あなたが自分の本音（思考・感情）と向き合い、上手にコミュニケーションするための心理テクニックを練習しました。本音は感情と思考のセットになっています。自分の本音と対話することは自己受容を強力に促進することになるので、抑圧癖を解消することにとても役立ちます。

その上で、第4章では、日常生活で起きがちな「心のトラブル」「コミュニケーションの悩み」に素早く実践的に対処するための方法についてお伝えしました。「なんとかなる」「なんとかする」こうした自分への期待や信頼は、少しずつかもしれませんが、確実にあなたの自信を育んでいきます。

そして第5章では、いよいよ「みじめ中毒」から抜け出し次元上昇するための実践的なテクニックを学びました。怒りや憎しみを手放す自己宣言や、後悔しない決断をするテクニック、怖れの感情に対処する方法など、一つひとつトレーニングを積み重ねることで、あなたは確実に自分にOKが出せるようになっていきます。

引き続き第6章では、自己肯定感を高める実践的なテクニックを見てきました。幼少期の環境から愛着に問題を抱えている場合の対処法や、自分が嫌いになってしまう人が持っている7つの悪習慣を逆手にとって活用する方法、自己受容を促進する方法など、自信の土台となる自己肯定感を高めるための心理テクニックについてあなたと考えてきました。

第7章では、私たちの思考や行動を支配しコントロールする「怖れへの対処方法」「勇気を手に入れる方法」について、if-thenプランニングなど科学的かつ実践的な対処テクニックをお話ししました。

こうして振り返ってみておわかりの通り、最後の第8章まで、ほとんどテクニックベースで進んできています。なぜなら、「現実に即して柔軟に対応する力」こそが、自信を取り戻すための一番の武器になると考えているからです。試行錯誤しながらでも、自分なりに「できる」「やれる」といった身体で感じる感覚は、何物にも代えがたい財産になるのです。

さて、新しい人生の一歩を踏み出すための武器は手に入れました。はやる気持ちは抑えて、ここで基本的な点を2つだけ確認させてください。

1「みじめ中毒」から抜け出すことができると確信し、期待に胸がワクワクする感じを持てていますか?

2「でも」「だって」など、もっともらしい先延ばしや、うまくいかない言い訳を考えていませんか?

少しでも疑いのある人は、いま一度この本を読み返して実生活の場面で色々なテクニックを駆使し、どんな小さなことでもいいので、これまでとは違った「ほんの小さな成功体験」を積み重ねてください。そして、日記に記録してください。

もう大丈夫と思う人は、ここで最後の「自分イジメ」を思う存分やってみてください。徹底的に自分をけなし、罵倒し、思いつく限りの悪口を自分に言い聞かせ、みじめな気持ちを堪能しながら自己受容してあげてください。

8-1 最終警告

今後、もしもあなたに「みじめ中毒」に逆戻りする機会が与えられたとしても、ここまで読み進め、色々なテクニックを実践してきたあなたなら、また元のみじめな世界に戻ろうとは思わないでしょう。

でも、これまでマンツーマンのセッションをしている中で、勇気と自信に溢れ「未来の自分に可能性しか感じません！」と意気揚々とセッションを終え、その後、何年かは明るく前向きで活動的な人生を送ったにも関わらず、また元に戻ってしまう人がいます。

あなたが、自分に自信を持ち、前向きに人生を歩もうと思うなら「もう二度とみじめ中毒を懐かしまない！」ということを、心から決意してください。

周りの人が発する、愚痴、不満、嫉妬、怒り、失意を、まるで自分のことのように受け取らないでください。

心の中で聞こえてくる「どうせ私なんて……」という声にも耳を貸さないでください。

これまで、思考のパターンについても見てきましたが、あなたも気づいている通り、「みじめ中毒」になるかならないかの選択権は私たち自身にあります。もちろん、愛着問題など家庭環境からの多大な影響を受けてしまったことで、自分に自信が持てず、弱く情けない自分をイジメてしまいやすい人がいることは事実です。

ですが、そうしたイジメのパターンを壊し修正するためのテクニックをあなたは持っているのです。

もしも今後、あなたの心の中で逆戻りするような声が聞こえてきたなら、あなたの選択肢は、みじめな気持ちをコントロールするために本書のテクニックを実践するか、みじめな気持ちに逆戻りするかのどちらかなのです。

私がメンタルトレーナーとして活動する中で、「みじめ中毒」を抜け出したにも関わらず、また元に戻ってしまう人には、ある共通する特徴があることに気づかされています。

特徴その1 人が変わったかのように急激にポジティブ思考になる

クライアントの久本さん（仮名・女性・40代・会社員）は、マンツーマンのセッションを開始して2か月目には「吉田さん、最近の私は嘘のように気分が良くて、仕事もバリバリできるし、仕事を終えて家に帰ってからも家事や育児をちゃんとこなせるエネルギーもあるんです。まるで別人になったような気分です」と大変喜んでいました。感情レベルがマイナスのどん底からプラスに転じてから一定期間が過ぎ、無事、セッションを終了しました。

ところが、半年後になって再び、マンツーマンのセッションを申し込まれてきたのです。

一体、あの後、何が起きてどうなっているのか伺ってみました。

「実は職場で人事異動があって上司が変わったのです。この上司は女性に差別的な態度なのです。私だって男性と同じように残業したり出張したりしてもっとバリバリ働きたいのですが、子どもも小さいし。なので定時で帰るのですが、それが上司は気に入らないようです。仕事はちゃんと時間内に終わらせているし、やるべきことはちゃんとやっているのです。でも、上司は仕事の成果ではなく、残業時間の長さや、付き合いの良さで人を見るので、私のことを見下してくるのです。なので毎日、イライラするし、どんなに頑張って仕事しても何の意味もないんじゃないかと思うと、もう自分の存在する意味がわからなくなってしまって……。」

私はこう答えました。

「やるべきことはちゃんとこなして結果も出している。家事も育児もちゃんとやっている。付き合い残業をして評価を得ようとしている姑息な人たちよりも、一生懸命頑張っている。自分の価値観の優先順位に基づいて時間管理をするなど、むしろ以前よりも充実した生活をしているじゃないですか。」

こういう人は、**「みじめ中毒」からいつでも簡単に抜け出せるという自信がアダになってしまっているケース**です。

残念なことに、現実はそう簡単にはいきません。前向きでポジティブになる、自信を取り戻すということは比較的簡単にできるかもしれませんが、「みじめ中毒」を自分の意志でコントロールすることは容易ではないのです。そこから抜け出す絶対的な条件は「自分イジメ」をしないことなのです。

特徴その2 みじめ中毒から抜け出すことを怖がっている

2つ目の特徴は、「みじめ中毒」から抜け出すことを、心の深い部分では怖がり拒否しているものです。原因としては、次の5つがあります。

1 リスクが怖い

みじめな自分から抜け出し、自信が持てるようになると、色々なことに挑戦したくなります。

ですが、挑戦には大なり小なりリスクが伴います。挑戦に成功すれば足を引っ張られたり嫉妬されたり、やっかまれて陰口を言われるかもしれません。失敗したらしたで、人から見下されたり、嘲笑されたり、無力感を感じたり、自分に失望することで自尊心が傷つくかもしれません。

こうしたリスクを考えると、たとえこれからもみじめなままだとしても、それは自分だけの問題だし、周りから見下されるくらいなら、いつも通りみじめなままの状態にいた方が無難と考えたくなる気持ちはもちろんわかります。

でも、そう考えることで、さらに「みじめ中毒」を自ら悪化させるのは愚かなことです。

失敗しても、成功しても、結局は同じようにみじめさを感じると思っているのなら、それは今よりも状況が悪くなるわけではありません。であれば、「行動しない」という選択よりも「行動する」という選択をした方が、あなたの経験値はアップし、自信につながり、周りの人のあなたへの評価もプラスになるはずです。

2 完璧な自分を思い描いている

自分イジメをやめれば「みじめ中毒」から抜け出すことができます。ですが、抜け出す前に、完璧な理想の自己像を思い描きすぎて、逆にその理想の自分にプレッシャーを感じてしまうのです。

これは真面目な人が陥りやすい典型的な特徴です。真面目にコツコツ、テクニックの練習をしても、理想が高すぎるがゆえに理想の自分にたどり着けないことから絶望感を覚えるのです。第7章のところでもお伝えしましたが、理想は「上げすぎないこと」です。むしろ下げることで「小さな成功体験」を積み重ねていきましょう。

3 テクニックを実践しない

せっかくたくさんの心理テクニックを知っているのに「どうせ自分には効かない」などと考え、そのテクニックを実践で全く生かそうとしないというケースも、意外にありがちです。これまでの挫折体験がそうさせてしまうのかもしれませんし、「一瞬で激変する」といった劇薬的なテクニックばかりを追い求めているのかもしれません。

繰り返しお伝えしている通り、体に新しいパターンを染み込ませるためには、反復練習して体が無意識に反応できるまで実践するしかありません。

4 一回でも自分イジメをしてしまったら、すべて台無しになると思っている

完璧主義が強い人が陥りがちな思考です。たった一回でも計画がうまくいかなければ、すべて失敗と極端に考えてしまっているのです。

大切なのは、これまでのみじめな自分を変えることです。

完璧主義の人は「牛一頭、丸ごと一気食い」しなければいけないと考える傾向がありますが、牛を細切れにして一口ずつ食べていけば、最後には丸ごと一頭食べることができるのです。

ぜひ、第7章を改めてご覧いただき、理想の自己像を手ごろな感じまで下げてみてくださいね。

5 自分イジメ以外に、時間の使い道を知らない

これも意外によく見られる特徴です。これまでは自分イジメの妄想をすることで、ある意味「暇つぶし」をしていたのですが、いざ、自分イジメをなくそうとすると、空いた時間に何をしていいのかがわからず、無為な時間を過ごしている自分に気づくと「だらしない」「人間のクズだ」「怠け者だ」などと、これまでと同じように自分イジメをすることで貴重な人生の時間つぶしをしてしまうのです。

これはある意味、「自分イジメ」が人生の目的のようになっているといえます。

ぜひ、「やりたいこと」「なりたい自分」に向かって時間を有効に使っていきましょう。そして、自分イジメをしてしまう自分をイジメるのではなく、自己受容していきましょう。

8-2 はじめの一歩を踏み出すあなたへ

「みじめ中毒」にさよならをするテクニックを学び、さよならの覚悟を決めたあなたは、いよいよ新しい人生という無限の大海原に船を漕ぎだします。

もはや後戻りはできません。

「やっぱり、一人で航海するのは怖いな……」と思って、また元に戻り、何かに依存したくなる自分がいることに気づくこともあるでしょう。

ですが、あなた自身が自らの意志で、そんな自分を乗り越えていかなければ、これまでこの本で学んできたことは何の役にも立ちません。テクニックは実際に使いこなしながら体に染み込ませ習慣化することで、はじめて意味をなしてくるのです。

勇気を出して、自分の意見を言ってみる。新しい仕事にチャレンジする。我慢し犠牲になることにNOと言ってみる。

あなたは、追い立てられ、責められ、つらく苦しい現実から逃げるばかりの人生に、キッパリと決別する必要があります。

それが、あなたに残された最後のメンタルトレーニングです。

思い通りにはいかないリアルな現実世界で、怖がらずに、むしろ爽やかに船を漕ぎ進めていくために、もっとも大切なことは、あなたがあなた自身を好きになり、慈しみ、愛おしく大切に労ってあげることです。「後悔」や「犠牲」、「憎しみ」や「失望」という借金に、自分イジメをすることで複利式に利息を積み増しするのはキッパリやめましょう。自分でコントロールすることができないことに心を奪われ、自らの無力さを強化するような無益なことに時間を使う必要はないのです。

おわりに

私たちはみな、何かをするとき、何かをやめるとき、何かを避けるとき、何かに向かうとき、「どうするのが自分にとって最適なのか？」という、自分にとってベストな選択ができる、ある感覚を持っています。

それを直感と呼んだり、第六感と呼んだり「お告げ」と呼ぶ人もいます。

そして、「後悔」や「失望」の多くは、この感覚に従わなかったとき、この感覚を無視してしまったときに感じることが多いようです。

実は、私たちの心には、私たちが認識している以上のすごい働きがあるのです。

そもそも私たちは「おぎゃあ」と生まれたときから、自分にとっての「快」「不快」を教わることなく明確に表現できます。

お腹が空いたら泣く。オムツが汚れたら泣く。心地よければ笑う。

こうすることで、自分にとってベストな解決策を周りが提供してくれることを知っているのです。

私自身、心の声を何度も聞いています。こうした心の声の中には、時に「自分イジメ」に聞こえるものもあるかもしれません。ですが、それらの声は、あくまでも、その時々（瞬間）に、あなたにとっての最適な方法を教えてくれるだけで、イジメる声ではありません。

たとえば、「もっと本番前に練習しておいたほうがいいぞ」とか「このままサボっていると、後でえらい目にあうぞ」といった心の声は、やるべきことがあるにも関わらず、ある瞬間ダラケていた私自身に喝を入れるためには役立つ声です。

ですが、これらの声を24時間自分で再生し喝を入れ続けていたら、息つく暇なく頑張り続けなければならなくなり、苦しくなるでしょう。

だからといって、最初から自分の心の声に耳をふさぐ必要もありません。自分で何度も再生しなければいいだけで、あなたはむしろ、その時々の心の声を素直に聞き入れ、その心の声に従うだけでいいのです。

心の声は本来「～すべき」「～しなければならない」という命令調のものではありません。「～したほうがいいんじゃないか？」「～はまずいんじゃないのか？」といったアドバイス、提案調のものなのです。

そうした心の声にしっかりと耳を傾け、素直に聞き入れて実際にアクションを起こしていくと、心の中の葛藤やモヤモヤに悩むことがなくなります。

でも「みじめ中毒」の人は、この心の声を「自分を否定する声」として捉えてしまい、せっかくの声を「聞かなかったこと」にしてしまったり、拒絶してしまったりするのです。

その結果、心の声に従わなかったことを後悔し、ことさら自分を責めてしまう。あるいは、「強制力を持った声」として受け取ってしまい、がんじがらめに拘束されてしまう……。

自分の内なる声、心の声に素直に耳を傾けなければ、「私は本当はどうしたいのだろう？」という人生の方向性を見失ってしまいます。

それは人生という大海原を航海するときに、コンパスを忘れたようなものです。

コンパスがなければ、コンパスを持っている誰かにおんぶに抱っこして連れて行ってもらう以外に航海することができなくなります。

船出もできた。実際に大海原にも出ている。船だって操縦している。でも、それは人に言われたままの航海をしているだけで、自分で自分の船を自由に動かして進んでいるとは言えないでしょう。

かといって、一夜にして魔法のようにあなた自身が変わるという奇跡も起きません。自分に自信を持ち、自分で自分のことを愛おしく思い、心が満たされるようになるには、少しずつ、我慢強く、自分に思いやりを持って自分を大切にしていく新しい習慣を身体に覚えこませる必要があります。

自分を否定したり、非難したり、急かしたり、煽ったり、しなければならないことばかりで縛りつけるのはやめて、自分に対して親切で慈悲深く、優しくいたわっていくようにすることが大切です。

この本を読むことで、きっとあなたは「みじめ中毒」に陥る原因や、そこから抜け出す方法があることがわかったと思います。でも、いくら方法論を知ったとしても、それを実際に役立てないことには現状に変化を起こすことはできません。

本気で「みじめ中毒」から抜け出したいと思うなら、これまでのパターンを壊し、新しいパターンを身に着けることです。

特に自己受容の大切さについてはこれまで繰り返しお話ししてきましたが、自分についてよくよく分析し、自分を信じて肯定的に受け入れられるようになると、あらゆることが良い方向に向かい出すということは、本当に良くあることなのです。

とはいっても、多くの人にとって変化は苦痛を伴うものと言えます。私たちはみなパターン（習慣・癖）を持っていて、そのパターンに固執する傾向があります。

自分でも無自覚なまま、これまでの人生で培ってきた正しいと思っている信念、感情、姿勢、ものの見方、認知の仕方などから、自分にとっての「善悪」「正しい・間違っている」といった基準を作り上げています。そして、その基準は、「自分らしさ」の一部になっています。

変化するということは、その「自分らしさ」そのものを崩壊させ、混乱させることにもなりかねないので、かなりの抵抗感を感じるかと思います。

この変化にうまく対応し切り抜けるためには、行き当たりばったりではなく、計画的かつ慎重に、自身の身体的、感情的な反応に耳を澄ましながら進めていく必要があります。

でも、ここまでお読みいただいたあなたならきっとできます。

あなた自身も、自分のことを信頼し、できると信じ込んでください。自分のことを愛し、自分が選択・決断することを信頼し、未来の無限の可能性に向かって共に歩みを進めていきましょう。

本書の刊行に際してご支援をいただいたナチュラルスピリット社の今井社長、ライトワーカー社の高山史帆様、諏訪しげ様、編集の高橋恵治様に、この紙面をお借りして御礼申し上げます。

最後までお読みいただき、本当にありがとうございました。

この広い世界の中で、あなたという読者に出会えたことに感謝しています。

著者プロフィール

吉田こうじ

1967年宮城県仙台市生まれ、仙台市在住。

バンド活動に明け暮れ、大学を中退してミュージシャンを目指すも才能の限界を感じて挫折。

その日暮らしのフリーター生活を送る中、地下鉄工事のアルバイトで知り合った初老男性に言われた「俺みたいな人生を送ったらダメだ」という言葉で一念発起し、1990年消費者金融会社に就職。

30代前半で支店長、40代には、当時最年少で新宿営業部の営業部長となる。

その後、人事部で採用や教育に携わった後、コールセンターの教育責任者となる。

業界初となる業績評価連動システムを導入するなど、システマチックな仕組み推進をする一方、マネジメントと心理の関係性に興味を持ち、実践心理学のNLPやコーチング、カウンセリングなどを学び実務に活かす中、心理学が人材育成には必須という確信を持つ。

2011年、単身赴任先の東京で東日本大震災を経験。なす術なく、人命や財産、当たり前の日常が、一瞬で、理不尽に奪われ、無惨に蹂躙される経験により、それまでの人生観が激変。

翌2012年には会社を退職し独立起業。現在は、ビジネスと心理を融合させた独自の企業研修プログラムで年間100本以上の研修を実施しリピート率は96%。

また、プロアスリートや海外のクライアントも持つ行列のできるメンタルトレーナーとして「自分らしく幸せに生きる」をテーマに精力的に活動中。

趣味はサーフィン、キャンプ、焚き火、釣り、アニメ、ギター。

無料メールマガジン
『自信をはぐくむ、幸せな自分のなり方』
https://www.mag2.com/m/0001294492

「どうせ自分なんて」にサヨウナラ
いつも自信がなかったあなたが、劇的に変わる44の方法

2021年6月15日　初版発行

著者／吉田こうじ

編集／高橋恵治

装幀・本文デザイン・DTP／鈴木 学

発行者／今井博揮

発行所／株式会社ライトワーカー
TEL 03-6427-6268　FAX 03-6450-5978
E-mail info@lightworker.co.jp
ホームページ https://www.lightworker.co.jp/

発売所／株式会社ナチュラルスピリット
〒101-0051 東京都千代田区神田神保町3-2 高橋ビル2階
TEL 03-6450-5938　FAX 03-6450-5978

印刷所／創栄図書印刷株式会社

ISBN978-4-909298-13-3 C0011